शब्द और देशकाल

शब्द और देशकाल

कुँवर नारायण

राजकमल प्रकाशन

ISBN : 978-81-267-2345-4

मूल्य : ₹ 395

पहला संस्करण : 2013
पहली आवत्ति : 2022

प्रकाशक : राजकमल प्रकाशन प्रा.लि.
1-बी, नेताजी सुभाष मार्ग, दरियागंज
नई दिल्ली-110 002

शाखाएँ : अशोक राजपथ, साइंस कॉलेज के सामने, पटना-800 006
पहली मंजिल, दरबारी बिल्डिंग, महात्मा गांधी मार्ग, प्रयागराज-211 001
वेबसाइट : www.rajkamalprakashan.com
ई-मेल : info@rajkamalprakashan.com

आवरण-शिल्प : सीरज सक्सेना

मुद्रक : बी.के. ऑफसेट
नवीन शाहदरा, दिल्ली-110 032

SHABD AUR DESHKAL
by Kunwar Narain

पूर्वकथन

लिखने का अर्थ मेरे लिए शब्दों, और भाषा, को लिखने के लिए यांत्रिक ढंग से बरतना मात्र नहीं है। उनके साथ एक अंतरंग संवाद और साहचर्य भी है। यदि हम शब्दों के प्रति पूर्णतः सजग और संवेदनशील हैं तो हम उनकी लगभग जीवन्त बातचीत को सुन सकते हैं—और उस ऊर्जा को महसूस करा भी सकते हैं जो हमारे बीच सतत् प्रवहमान है। शब्दों के बीच और उनके साथ उन्मुक्त विचरण की अलग एक ध्वनि है। शब्दों की दुनिया में भ्रमण और विचार करते समय देशकाल की कोई सीमा नहीं होती। साहित्य रचना मेरे लिए बहुत कुछ इस असीम में सैरों की तरह रहा है—कभी विस्मय भाव से तो कभी पूरी तरह उनसे घनिष्ठ होकर। साहित्य, कलाओं, विचारों तथा अन्य विषयों की यह बहुत बड़ी शाब्दिक दुनिया है—जो एक भी है और अनेक भी।

'शब्द और देशकाल' में संचित लेखों में दूर-दूर तक फैले इस वैविध्यपूर्ण संसार में आवाजाही करते मेरे कुछ निजी अनुभव हैं जो मेरे अपने लेखन की मानसिकता बनाते हैं। शब्दों से सान्निध्य को मैं इस विशिष्ट अर्थ में जीवन से अलग नहीं मानता—वे हमसे जितना एक यथार्थ की तरह जुड़े हैं उतना ही एक रहस्य की तरह भी। शब्दों के इस 'रस' तक पहुँचे बिना साहित्य सम्भव नहीं। यह भरोसा मुझे आश्वस्त करता है।

—कुँवर नारायण

अनुक्रम

साहित्य के कुछ अन्तर्विषयक सन्दर्भ

साहित्य और नई आर्थिक समालोचना

कुछ जानी-पहचानी बातों का पुनरावलोकन भी नई तरह सोचने में मदद करता है—उन पर भी और उनसे हटकर भी। साहित्य के सरोकारों का क्षेत्र हमेशा से ही विस्तृत रहा है, लेकिन समय के साथ विभिन्न विषयों से लेन-देन के उसके तौर-तरीक़े बदलते रहे हैं। पिछले दस-पन्द्रह वर्षों में अर्थशास्त्र के कुछ विद्वानों द्वारा जो विचारोत्तेजक अध्ययन होते रहे हैं, उनमें साहित्य को भी जिस तरह एक विषय बनाया गया है, उससे नई तरह सोचने के लिए काफ़ी कुछ मिलता है। उसी की पृष्ठभूमि में यहाँ कुछ बातें की गई हैं। इस लेख में अर्थशास्त्र तथा अन्य विषयों का ज़िक्र मैंने केवल दृष्टान्तरूप में ही किया है, उन्हें प्रमाण मानकर नहीं।

बीसवीं सदी में साहित्य पर विचार और समीक्षा का सिद्धान्त-पक्ष जिन अनेक विषयों से प्रभाव ग्रहण करते हुए विस्तृत हुआ, उन्हें कुछ स्पष्ट वर्गों में रखा जा सकता है। शुरुआती दशकों में, आधुनिकतावाद (modernism) के उदय के साथ, साहित्य के कला-पक्ष, उसकी भाषा, तकनीक, बिम्बविधान, प्रतीक आदि को लेकर जो सोच-विचार हुआ, उसमें हम अगर एक ओर वैज्ञानिक ढंग के चिन्तन के आग्रहों को आसानी से पहचान सकते हैं, तो दूसरी ओर उसके समानान्तर उस तरह की प्रतिक्रियों को भी जिनका एक उदाहरण क्रोचे (Croce) का सौन्दर्यशास्त्र था। वर्चस्व फिर भी वैज्ञानिक ढंग के चिन्तन और तद्‌जनित जानकारियों का ही रहा—साहित्य पर भी, और उन विषयों पर भी, जिनसे साहित्य की एक ज़्यादा बड़ी विचार-भूमि बन रही थी। भाषाविज्ञान, मनोविज्ञान, मानवविज्ञान, इतिहास-विज्ञान, संरचनावाद, मिथकशास्त्र, मार्क्सवाद, अर्थशास्त्र आदि की अध्ययन-प्रणाली एक ओर विज्ञान से प्रेरित थी, तो दूसरी ओर ये विषय साहित्य में भी एक नई तरह के सोच को प्रोत्साहित कर रहे थे। आधुनिकतावाद की अनेक अवधारणाओं में हम इन ग़ैर-साहित्यिक विषयों के प्रत्यक्ष या प्रच्छन्न आग्रहों को आसानी से

अनुभव कर सकते हैं–विशेषकर मार्क्स के विचारों तथा फ्रायड और युंग के मनोविज्ञान का साहित्य पर ख़ास प्रभाव रहा। साहित्य-विवेचना में साहित्य के अन्तर्विषयक सन्दर्भों का जो परिप्रेक्ष्य बनता है, उसमें प्रयुक्त होनेवाले कुछ पदों (terms) के अर्थ-विस्तार की ज़रूरत पर यहाँ पुनर्विचार का एक कारण अगर समीक्षा में किंचित गतिरोध का आभास है, तो दूसरा ज़्यादा बड़ा कारण मौजूदा औद्योगिक विकास और सांस्कृतिक परिवर्तनों को लेकर वे अन्देशे हैं जिनसे हम सब गुज़र रहे हैं। ये समस्याएँ ऊपर से अलग-अलग लगते हुए भी अन्तर्सम्बन्धित हैं तथा साहित्य के कुछ स्थायी सरोकारों की ज़मीन बनाती हैं, जिसका समय-समय पर सर्वेक्षण ज़रूरी है।

कुछ अन्य विषयों के साथ रखकर साहित्य के सिद्धान्त-पक्ष की वर्तमान स्थिति पर यहाँ थोड़ा विचार उसके कुछ प्रमुख और स्थायी सरोकारों को समझने के लिए ज़रूरी है। अन्तर्विषयक चिन्तन का दायरा विस्तृत और जटिल रहा है। मैं केवल साहित्य को केन्द्र में रखकर अन्य विषयों पर विचार की बात नहीं सोच रहा हूँ। उन अन्य विषयों की बात भी सोच रहा हूँ जिन्होंने अक्सर साहित्य को सन्दर्भ-विषय बनाया है–अपने क्षेत्र को और अधिक विस्तृत करने के लिए और उसके मानवीय पक्ष को और अधिक दृढ़ और मुखर करने के लिए। इस संयुक्त प्रयास में साहित्य की अपनी ज़मीन भी विस्तृत हुई है, और उसकी समीक्षा पद्धति और पदावली (terminology) में सोच-विचार के नए मुहावरे और आयाम जुड़े हैं। कुछ पुराने पद ख़ारिज हुए, तो कई का नवीनीकरण भी हुआ। बीसवीं सदी के आरम्भिक दशकों में टी.एस. एलिअट की समीक्षा ने हमारा ध्यान ख़ासतौर पर इस ओर खींचा था कि एक कविता 'कविता' है या नहीं, इसका फ़ैसला तो साहित्यिक मानदण्डों से ही होगा, लेकिन वह महान् कविता भी है, इसके लिए हमें साहित्य से उच्चतर मानदण्डों की ज़रूरत भी पड़ेगी। (सन्दर्भ : दान्ते)

कुछ विषय जो अरसे से साहित्यिक चर्चाओं के इर्द-गिर्द रहे हैं–जैसे अर्थशास्त्र, इतिहास, संस्कृति, नैतिकता आदि–उन पर एक नज़र डालना चाहूँगा। यहाँ उनके विस्तार में जाना ज़रूरी नहीं, केवल ऐसे कुछ संकेतों को पकड़ने की कोशिश करूँगा, जो हिन्दी साहित्यिक समीक्षा के कुछ अतिपरिचित, इसलिए कुछ बेजान पड़ते, 'पदों' को नई तरह अनुप्राणित करने में सहायक हो सकते हैं।

ये विषय अपने आप में स्वतन्त्र विषय भी हैं और अन्तर्सम्बन्धित विषय भी तथा साहित्य के साथ मिलकर एक बृहत्तर परिप्रेक्ष्य बनाते हैं। उन पर यहाँ चर्चा का एकमात्र उद्‌देश्य समीक्षा पदों के ऐसे कुछ पक्षों की ओर ध्यान खींचना है जिनके स्रोत अन्य विषयों में रहे हैं, पर उन पर अन्य विषयों में आज क्या है और

किस तरह सोचा जा रहा है उस ओर हिन्दी समीक्षा में पर्याप्त ध्यान नहीं दिया गया। मसलन, विख्यात अर्थशास्त्री मैक्लॉस्की (McCloskey) की यह शिकायत बहुत ग़लत नहीं लगती कि अधिकांश साहित्यिक समीक्षकों का अर्थशास्त्र का ज्ञान कार्ल मार्क्स से शुरू होकर कार्ल मार्क्स पर ही समाप्त हो जाता है। इसी तरह इतिहास, संस्कृति, नैतिकता आदि की बात साहित्य में बराबर उठती रही है, लेकिन ये विभिन्न विषय ख़ुद अपने बारे में, और एक-दूसरे के बारे में, किस तरह सोच रहे हैं इस तरफ़ अधिक ध्यान नहीं दिया जाता। अपने इस सर्वेक्षण के अत्यन्त संक्षिप्त दायरे में (कुछ पुस्तकों के आधार पर) अर्थशास्त्र, इतिहास, संस्कृति और नैतिकता को सन्दर्भ बनाकर इनकी अपेक्षा साहित्य की उपस्थिति पर सरसरी तौर पर कुछ प्रकाश डालने की कोशिश है। विचार सूत्रों को बिलकुल ढीला रखा गया है, ताकि वे एक विषय से दूसरे में सुगमता से आ-जा सकें।

पिछले दशक में अर्थशास्त्र के कुछ विद्वानों ने अनुभव किया कि अर्थशास्त्र अत्यधिक तकनीकी और विज्ञानवादी शब्दावली में कुछ इस तरह डूबता जा रहा है कि उसके मानवीय चेहरे और सरोकारों को ठीक से पहचानना ही दुश्वार हो गया है। मानों उसकी मुख्य चिन्ता मनुष्य न होकर केवल वस्तुएँ, उत्पादन, पूँजी, बाज़ार, आँकड़े वग़ैरह हों। ऐसे में कुछ अर्थशास्त्रियों का ध्यान साहित्य की ओर भी जाना स्वाभाविक था। कुछ वर्ष पहले मार्था वुडमैन्सी और मार्क ओस्टीन (Martha Woodmansee and Mark Osteen) द्वारा सम्पादित अर्थशास्त्र की एक पुस्तक 'नई आर्थिक समीक्षा' (The New Economic Criticism)[1] प्रकाशित हुई है। लगभग सभी लेखों में साहित्य के अनेक पक्षों का आर्थिक दृष्टि से पाठ और विश्लेषण है। अर्थशास्त्र की भाषा में साहित्य को इस तरह पढ़ने की कोशिश है कि दोनों के दायरे विस्तृत हों। संग्रहीत लेखों का परिचय देते हुए सम्पादकों ने वक्तव्य में कहा है : "हमने जब 1991 में मिडवेस्ट मॉडर्न लैंग्वेज एसोसिएशन (Midwest Modern Language Association) के तत्त्वावधान में होनेवाले कन्वेन्शन के लिए 'नई आर्थिक समीक्षा' नाम से एक पैनेल बनाया, तो हम एक ऐसी गतिविधि को नाम दे रहे थे जिसका अभी शायद कोई अस्तित्व ही नहीं था।"

पुस्तक से कुछ उदाहरण देना चाहूँगा जो कुछ ऐसे क्षेत्रों की ओर इशारा करते हैं जो साहित्य की भी बुनियादी चिन्ताओं में से रहे हैं। सभी लेखों में साहित्य के पाठ (reading) और व्याख्या (interpretation) मूलतः आर्थिक दृष्टिकोण से हैं। इस सन्देह के बावजूद कि सादृश्यधर्मी (homologous) पाठ के अपने अतिवादी

1 The New Economic Criticism: Studies at the Intersection of Literature and Economics, Edited by Martha Woodmansee and Mark Osteen, Routledge, 1999.

ख़तरे हो सकते हैं, हमें एक से अधिक विचार क्षेत्रों में विचरण का दिलचस्प मौक़ा मिलता है। लेखों के जटिल अन्तर्सम्बन्धों और उनकी गहराइयों का विस्तार से विश्लेषण और निरूपण यहाँ सम्भव नहीं। यहाँ कुछ उन चिन्तन-बिन्दुओं तक ही अपने को सीमित रखूँगा जो साहित्य समीक्षा के मौजूदा परिदृश्य में भी कुछ माने रख सकते हैं।

दो उदाहरण लूँगा–केवल यह स्पष्ट करने के लिए कि नई आर्थिक समीक्षा साहित्य का 'पाठ' और 'व्याख्या' किस तरह करती है ताकि उसकी लय और मिज़ाज का कुछ आभास मिल सके, उससे सहमति या असहमति के सवाल को फ़िलहाल स्थगित रखते हुए। संकलन के छठे खंड 'आधुनिकतावाद और बाज़ार' में पॉल डेलनी (Paul Delany) का एक लेख है 'हू पेड फ़ॉर मॉडर्निज़्म?' (आधुनिकतावाद पर पैसा किसका लगा?) डेलनी का कहना है कि आधुनिकतावाद के पीछे दो ख़ास विचारणीय बातें हैं : पहली तो यह कि बीसवीं सदी के शुरू होते-होते इंग्लैंड के साहित्यिक बाज़ार में एक बड़े बदलाव का आना, और दूसरा, 'रेण्टिअर कल्चर' (rentier culture)–यानी लेखकों और पाठकों के एक ऐसे वर्ग का उभरना जिसके पास अपनी स्वतन्त्र आय के साधन थे, जैसे किराये की आमदनी, पारिवारिक स्रोत वग़ैरह। बढ़ती हुई शिक्षा के स्तर और नई रईसी ने जहाँ एक ओर एक अच्छा-ख़ासा पाठक-वर्ग तैयार कर दिया था, वहीं एक ऐसा लेखक वर्ग भी जिसके सामने अपने लेखन को आमदनी का ज़रिया बनाने की मजबूरी न थी। वे बाज़ार की माँगों के विरुद्ध ऐसी कला, कला-मूल्यों और सिद्धान्तों को प्रतिपादित करने के लिए आर्थिक दृष्टि से मुक्त थे जिसके लिए बाज़ार से समझौता करना ज़रूरी न था। इस पाठक-लेखक वर्ग का अलग एक गठबन्धन–'एलीट' कला वर्ग बनने लगा। हेनरी जेम्स और ई.एम. फ़ॉर्स्टर अगर इस 'रेण्टिअर कल्चर' के शुरू के दिनों के उदाहरण हैं, तो गाल्सवर्दी और टॉमस मन्न थोड़ा बाद के। इसके बरक्स आर्नल्ड बेनेट (Arnold Bennett) और वॉल्टर बेसेंट (Walter Besant) जैसे लेखकों का नाम आता है जो बाज़ार की माँगों के साथ चल रहे थे। बेसेंट का कहना था कि जब पैसे के लिए लिखना है तो पाठक (कस्टमर) की पसन्द-नापसन्द की इज़्ज़त करनी ही पड़ेगी। डेलनी का तर्क है कि सम्पन्नता के बढ़ने के साथ ही उस शिष्ट वर्ग को अपनी विशिष्टता के प्रदर्शन के लिए साधारण से अलग असाधारण कुछ की ज़रूरत थी। पाउंड और एलिअट, दोनों की पत्नियाँ 'रेण्टिअर वर्ग' की थीं। स्त्री की समाज में बढ़ती आर्थिक हैसियत का भी प्रभाव नारी की छवि पर पड़ रहा था। फ़्लोबेअर (Flaubert) से लेकर एलिअट, जॉयस और डी.एच. लॉरेन्स तक के साहित्य में स्त्री की इच्छाओं

और भावनाओं का मानों नई तरह से उपनिवेशीकरण हो रहा था। लेकिन समीक्षक का यह भी कहना है कि 'आख़िर, कुछ तो बड़ा फ़र्क़ था ही ट्रोलोप (Trollope) और जॉयस जैसे लेखकों के बीच–ट्रोलोप जो नियम से दो-हज़ार शब्द नाश्ते से पहले-पहले लिख डालते थे, और जॉयस जिन्हें कभी-कभी पूरा दिन लग जाता था केवल एक वाक्य में सही शब्द-विन्यास बैठाने में।'

इस प्रकार के विश्लेषण रोचक अवश्य हैं, पर इनको लेकर साहित्य के बारे में कोई अन्तिम निष्कर्ष निकालना–विशेषकर भारतीय साहित्य के सन्दर्भ में–ग़लत होगा। श्रेष्ठ साहित्य बिना स्वतन्त्र आय के भी रचा जाता रहा है। यहाँ भारतीय और इस प्रकार के पाश्चात्य सोच में बुनियादी फ़र्क़ नज़र आता है। एक में आदर्शमुखी सामाजिक-आर्थिक दृष्टि का आग्रह है तो दूसरे में मौजूदा बाज़ार अर्थव्यवस्था के यथार्थ से जुड़ी मूलतः उपयोगितावादी (utilitarian) और परिणामवादी (pragmatic) दृष्टि की प्रमुखता है। इन विचारों के पीछे वेबलेन (Veblen) का प्रभाव स्पष्ट झलकता है।

साहित्य-विवेचन में 'आर्थिक तर्क' की अपनी उपयोगिताएँ और सीमाएँ हैं। जब भी एक विषय की भाषा में दूसरे विषय की व्याख्या की जाती है, तब एक का दूसरे पर हावी हो जाना स्वाभाविक है : उस ओर से अतिरिक्त सावधानी ज़रूरी है। एक दूसरे लेख 'Symbolic economics: adventures in the metaphorical marketplace' (अर्थशास्त्र के प्रतीकार्थ : बाज़ार में एक सांगरूपक सैर) में एमी कॉरिट्ज़ (Amy Koritz) और डगलस कॉरिट्ज़ (Douglas Koritz) ने सांस्कृतिक अध्ययनों के सन्दर्भ में आर्थिक शब्दावली और भाषा के लाक्षणिक उपयोग पर विचार किया है। उन्होंने तीन भिन्न विषयों के विशेषज्ञों को लिया है–अर्थशास्त्री गैरी बेक्कर (Gary Becker), उत्तर-आधुनिकतावादी ज़्हां-फ्राँसुआ लिओतार (Jean-François Lyotard); तथा सांस्कृतिक अध्ययनों के विद्वान् पिएर बूर्दो (Pierre Bourdieu)। बेक्कर के अनुसार, मनुष्य का सारा सामाजिक व्यवहार–और अन्ततः उसका व्यक्तित्व भी–सम्पत्ति पर उसके स्वामित्व की मानसिकता का प्रतिरूप है। उनका बुनियादी दृष्टिकोण आर्थिक और उपयोगितावादी है, यहाँ तक कि 'प्रेमभावना' में भी वे किसी अन्य के स्वार्थ के भी तर्क को सन्निहित देखते हैं। आर्थिक तर्क के बारे में लिओतार का मत है कि "आर्थिक समीक्षा-पद्धति कुछ ख़ास तरह के विवरणों (narratives) के विश्लेषण में सहायक हो सकती है, लेकिन जीवन-सम्बन्धी ऐसे विमर्श (discourses) जिनका ताल्लुक़ मनुष्य के आत्मचिन्तन, अन्वेषण-मूलक वृत्तियों, रचनाशीलता जैसी चेष्टाओं से है, उन पर वह लागू नहीं होती।"

बूर्दो सांस्कृतिक समीक्षा में आर्थिक सन्दर्भ-पदों को लेते तो हैं–जैसे एक्सचेंज, मार्केट, कैपिटल, कॉइन वगै़रह–लेकिन उनके साथ 'कल्चरल' विशेषण जोड़कर उनकी पहचान को आर्थिक से अलग भी रखना चाहते हैं, ताकि उनके अभिप्राय आर्थिक की तरफ़ ज़्यादा न लुढ़क जाए।

कुल मिलाकर, इस ख़ास बात की ओर ध्यान जाता है कि जहाँ किसी अन्य विषय के माध्यम से साहित्य को सोचने के कुछ निश्चित फ़ायदे हैं, वहीं उस विषय के अतिरिक्त दबाव के ख़तरे भी, ख़ासकर जब वह अर्थशास्त्र जैसा तर्कमूलक और तकनीकी विषय हो। नई आर्थिक समीक्षा का यह शुरुआती दौर है। उसकी सशक्त वैज्ञानिक, शास्त्रीय और तर्कप्रधान विचार-पद्धति के अपने दबाव और फेर हैं। बेहतर होगा कि साहित्य इस समीक्षा को भी अपने अध्ययन का विषय बनाए, न कि स्वयं उससे अनुशासित हो। यह अध्ययन का एक भिन्न तरीक़ा है, जिसे जानना उपयोगी हो सकता है, पर उससे निर्देशित होना ज़रूरी नहीं।

पुस्तक की भूमिका में पड़ताल की ज़मीन को स्पष्ट करते हुए संकलनकर्ताओं का कहना है–"लेखन कर्म तथा वाणिज्य के बीच लम्बे और विविध रिश्तों के बावजूद साहित्यिक, सांस्कृतिक तथा आर्थिक अध्ययनों के बीच अभी कुछ ही समय पहले तक दोनों ही अनुशासनों के विशेषज्ञों ने एक दूरी बनाए रखा : दोनों ही पक्ष एक-दूसरे के प्रति शंकालु रहे। इस गहरी खाई के रहते हमारे सामने सबसे बड़ी चुनौती यह थी कि साहित्य, संस्कृति और अर्थशास्त्र के बीच सम्भव स्पर्श-बिन्दुओं को कैसे फिर से खोज निकाला जाए।" उनके अनुसार, "आर्थिक समीक्षा थी तो 1960 के पहले भी–लूकाच (Lukács), फ़्रैन्कफ़र्ट स्कूल (Frankfurt School), तीसरे-चौथे दशक के वामपंथी समीक्षक आदि, लेकिन फिर 1938-65 के बीच अमेरिकी 'नई समीक्षा' (New Criticism) की अ-राजनैतिक समीक्षा-प्रणाली के उदय के साथ उस तरह की आर्थिक समीक्षा कुछ हाशिए में आ गई।" मौजूदा परिदृश्य को लेकर आर्थिक समीक्षकों का मानना है कि "... साहित्यिक अध्ययनों के क्षेत्र में भी समीक्षा का झुकाव, 1970-80 में प्रचलित विखंडनवाद (Deconstructionism), लक्षण विज्ञान (Semiotics) और अन्य रूपवादी (Formalist) क़िस्म की अवधारणाओं से थोड़ा परे हटकर अब नव-ऐतिहासिकतावादी (New Historicist) रुझानों की ओर ज़्यादा खिंचा हुआ लगता है। ऐतिहासिकतावादी और सांस्कृतिक चेतना से सम्पन्न साहित्य-समीक्षक जिन विविध विषयों की ओर आकृष्ट हैं, उनमें से एक अर्थशास्त्र भी है।"

आधुनिकतावाद–या इस तरह के किसी भी साहित्यिक मूवमेंट को सोचने का यह एक विशेष तरीक़ा है–यानी अर्थशास्त्र की भाषा में पूरी एक साहित्यिक

गतिविधि को तोड़-मरोड़कर अँटाने की कोशिश। एक सरलीकृत व्याख्या वैश्विक स्तर पर आधुनिकतावाद के विभिन्न पक्षों पर बराबर से लागू नहीं होती। भारतीय, लातिन अमेरिकी, अफ्रीकी आदि तीसरी दुनिया के आधुनिकतावादी आन्दोलन पश्चिमी नमूनों से प्रभावित होते हुए भी उनके अनुसरण के उदाहरण नहीं हैं। उनके अपने यथार्थ, परम्पराओं, साहित्यिक विरासत और ऐतिहासिक अनुभवों पर एक नए तरह की सोच के प्रभावों का मिश्रित और जटिल नतीजा हैं। मसलन, इन देशों के औपनिवेशिक अनुभवों की पृष्ठभूमि में दो बातें प्रमुख थीं : एक तो, अपनी खोई हुई अस्मिता और पहचान की पुनर्स्थापना; तथा दूसरी, विकसित देशों की तुलना में आर्थिक दृष्टि से पिछड़े देशों की शैक्षिक, आर्थिक और सामाजिक विकास की प्राथमिकताएँ जो आधुनिकता के अर्थ को बिलकुल अलग तरह सोच-समझ रही थीं।

डेलनी की थीसिस दिलचस्प है। उसमें चोखे ज़िरह की ख़ूबियाँ हैं, तथ्यों को जोड़-तोड़कर कोई नई बात निकाल सकने की तार्किक क्षमता है, और शायद एक अलग तरह की शास्त्रीय अन्तर्दृष्टि भी, पर उनका लेख इस बात का भी अच्छा उदाहरण है कि पूरी सच्चाई तक पहुँचने के एक ही नहीं कई रास्ते हो सकते हैं। इस प्रकार के एकाग्रही अध्ययन रोचक अवश्य होते हैं, पर इनको लेकर साहित्य के बारे में कोई अन्तिम निष्कर्ष निकालना ग़लत हो सकता है।

ऐतिहासिकतावाद (Historicism) और नव-ऐतिहासिकतावाद का लेखों में कई जगह ज़िक्र है। फ्रेंच विचारक मीशेल फ़ूको (Michel Foucault) की इस मान्यता का भी आर्थिक और साहित्यिक समीक्षा दोनों पर असर दीखता है कि समीक्षा का एक खुले सांस्कृतिक परिवेश से जुड़ना आवश्यक है, वर्ना वह अपनी ही शब्दावली और मुहावरों का गढ़ बनाकर उसमें सीमित हो जाएगी। उस पर भी आगे चलकर थोड़ा विचार करूँगा।

साहित्य, इतिहास और संस्कृति

इधर इतिहास को कुछ इस तरह सोचा जा रहा है कि जो बीत चुका उसके जीते-जागते यथार्थ में पुनः प्रवेश असम्भव है। इतिहास आज हमें अपने विभिन्न 'पाठों' द्वारा ही उपलब्ध है। ये पाठ न केवल कई हैं, बल्कि बहुविषयक भी हैं। इसलिए उनका पाठ, समीक्षा और व्याख्या अकेले किसी एक ही विषय की भाषा में पर्याप्त नहीं ठहरेंगे। हमें जानकारियों के कई क्षेत्रों को टटोलना होगा, जैसे अर्थशास्त्र, समाजशास्त्र, राजनीति, भाषा-विज्ञान आदि। ऐतिहासिकतावाद के

तात्पर्य विस्तृत और पेचीदा हैं : उन सबमें न जाकर यहाँ मैंने उसके मतलब को कुछ स्थूल और सरलीकृत ढंग से रखा है क्योंकि मेरा प्रमुख अभिप्राय समीक्षा के ऐसे कुछ आर्थिक, सामाजिक, राजनीतिक और सांस्कृतिक पदों, शब्दों और भाषा पर ध्यान केन्द्रित करना है जिनसे हिन्दी समीक्षा पिछली लगभग आधी सदी से अपना काम चलाती आ रही है। इस 'काम चलाते रहने में' जो थकान व्यंजित है, वह यहाँ सोद्देश्य है। समीक्षा ने बहुधा मनुष्य के आर्थिक-सामाजिक यथार्थ को कुछ इस सीमित तरह परिभाषित किया कि एक बृहत्तर जीवन-यथार्थ की परिकल्पना मानों गौण हो। समीक्षा कुछ मुद्दों पर ठहर गई—और ठहरी रही। ये मुद्दे आज भी ग़ैर-ज़रूरी नहीं हो गए हैं लेकिन इनको सोचने के तरीक़ों और भाषा में बदलाव ज़रूरी है जिनके ज़रिए हम अपनी बात कहना चाहते हैं लेकिन ज़्यादा प्रभावी तरीक़ों से नहीं कह पा रहे। यानी किन्हीं कारणों से जिन 'समीक्षा-पदों' और भाषा की पहुँच संकुचित और कमज़ोर हो गई है उनमें नई जान डालने के लिए ज़रूरी है कि हमारी साहित्यिक संवेदनाओं की हमारे समय की विशिष्ट जानकारियों के साथ एक ज़्यादा उदार, खुले और व्यापक संवाद की स्थिति बने। स्वयं अर्थशास्त्र जैसा अर्द्ध-वैज्ञानिक विषय भी जब अपने को अधिक विस्तृत और मानवीय बनाने के लिए साहित्य जैसी विधाओं की ओर देख रहा है, ऐसे में साहित्य-समीक्षा का प्रायः कुछ विमर्शों से आगे न बढ़ना विडम्बनापूर्ण है। कई बार समीक्षा-पदों के संकुचित और एकतरफ़ा होने के पीछे वैचारिक ध्रुवीकरण भी एक बड़ा कारण रहा है।

1930-60 के बीच ऐतिहासिकतावाद के पहले दौर में एक विभाजन-सा दीखता है कि काव्य के आकलन में प्राथमिकता कृति-विशेष की हो, या उस सांस्कृतिक-सामाजिक-राजनीतिक (यानी ऐतिहासिक) परिवेश की जिससे कृति-विशेष जुड़ी होती है? 'नई समीक्षा' नामक अमेरीकी मूवमेंट ने रूसी रूपवादियों तथा फ्रेंच संरचनावादियों (French Structuralists) की ही तरह, कृति-विशेष को प्राथमिकता दी, लेकिन 'व्यक्तिगत' तथा बृहत्तर 'सांस्कृतिक परिवेश' को अलग-अलग मानने में कई सैद्धान्तिक अड़चने थीं, इसलिए नव-ऐतिहासिकतावाद (1960-80) की ज़रूरत पड़ी जिसमें दोनों पक्षों को समान रूप से महत्त्वपूर्ण माना गया। विलियम मॉरिस (William Morris) के अनुसार काव्य सांस्कृतिक परिवेश से भी निदेशित होता है और व्यक्तिगत प्रतिभा से भी। भाषाविद् सोस्यूर (Saussure) का कहना था कि 'पाठ' का अर्थ करने से ज़्यादा ज़रूरी है उन सांस्कृतिक और साहित्यिक संकेत-चिह्नों के व्याकरण और विन्यास को समझना जिनसे अर्थ उत्पन्न होते हैं, जैसे कि सामान्यतः एक भाषा में वाक्य उत्पन्न होते

हैं। जॉनेथन कुलर (Jonathan Culler) ने स्पष्ट करते हुए कहा कि एक रचना और पाठक के बीच उसी तरह की भागीदारी बनती है जैसी बातचीत में एक भाषा के माध्यम से। यहाँ सांस्कृतिक परिवेश की प्रमुखता स्पष्ट है। उम्बर्तो ईको (Umberto Eco) का कहना है कि सभी कला-कृतियों का उद्‌गम 'सांस्कृतिक संकेतों' और 'शाब्दिक पाठों' में निहित होता है। आम राय सांस्कृतिक परिवेश की प्रमुखता के पक्ष में दिखाई देती है। जब रूसी लक्षण-विज्ञानी यूरी लोट्‌मान (Jurij Lotman) और उसके साथियों ने सांस्कृतिक सन्दर्भों और काव्यात्मक संरचना को अविभाज्य माना, तो उसमें भी कहीं एकतरफ़ा निष्कर्षवादी ढंग के सोच का अस्वीकार झलकता है। इसी तरह 'पाठक-प्रतिक्रिया' (reader-response) वाले सिद्धान्त में भी सांस्कृतिक और कला-वस्तुओं के उत्पादन तथा उसके उपभोक्ता (पाठक) के बीच एक अधिक संश्लिष्ट सम्बन्ध विवेचित है।

नव-ऐतिहासिकतावाद में भी कोशिश है कि ऐतिहासिकतावाद की कमियों को ठीक करके काव्य-प्रक्रिया को नई तरह इतिहासित (historicise) किया जाए : उसके सन्दर्भों को सांस्कृतिक-सामाजिक-आर्थिक-धार्मिक आदि घटकों के साथ इस तरह जोड़ा जाए कि सभी बराबर से विभिन्न 'पाठों' की हैसियत रखते हैं।

(एक विषयान्तर—इस विडम्बना की ओर अनायास ध्यान जाता है कि वाद-विवाद, तर्क-वितर्क पद्धति से अक्सर हम जिस सुलह तक पहुँचते हैं, वह बहुधा आश्चर्यजनक रूप से स्वतः सिद्ध जान पड़ता है! दो अतियों बीच एक सीधा-सादा सन्तुलन बिन्दु! संस्कृत काव्यशास्त्र में सदियों तक 'शब्द' और 'अर्थ' का ध्रुवीकरण करके यह बहस चलती रही कि दोनों में प्रमुख कौन है? असली मुद्‌दा—प्रमुख कौन? और जब 17वीं सदी में पंडितराज जगन्नाथ ने इस बहस की इति कर दी कि कोई प्रमुख नहीं, दोनों सहोदर हैं, तो एक उपलब्धि के एहसास से अधिक इस निष्कर्ष तक पहुँचने की लम्बी वादविवादी प्रक्रिया और बौद्धिक ऊर्जा की कसरत पर अधिक आश्चर्य होता है! शायद अन्तिम उपलब्धि के किंचित प्रसाद को नहीं, बहसों के भव्य आयोजन को मूल उपलब्धि मानना चाहिए! सम्पूर्ण भोग और सम्पूर्ण परित्याग के बीच कहीं 'मध्यम मार्ग' को पाने के लिए बुद्ध ने घोर तप किया : उस सरल सत्य को शायद उनके तर्कों से अधिक उनका जीवन सिद्ध और पुष्ट कर सका! अन्ततः शान्ति एक पूर्वनिश्चित सुलह है, लेकिन मनुष्य बिना एक महाभारत लड़े उस तक पहुँच नहीं पाता—शायद यही है जीवन की सबसे बड़ी विडम्बना।)

मीशेल फ़ूको ने (जिनके विचारों का नव-ऐतिहासिकतावाद पर गहरा असर रहा है) पहले ही अपनी पुस्तक 'ज्ञान का पुरातत्त्व' (Archaeology of Knowledge)

में संस्कृतियों के इस तरह 'पढ़े' जाने पर ज़ोर दिया था मानो वे मूलतः 'पाठ' हों। फ़ूको जिस तरह अपनी पुस्तकों का नामकरण करते रहे हैं, उसमें भी हम 'ऐतिहासिक' और 'ग़ैर-ऐतिहासिक' विषयों के बीच गहरे अन्तर्सम्बन्धों को खोज निकालने की कोशिश को साफ़ पहचान सकते हैं, जैसे–'ज्ञान का पुरातत्त्व', 'सभ्यता और विक्षिप्तता' (Madness and Civilization), 'स्व की तकनीकें' (Technologies of the Self) आदि। यहाँ इतिहास से सम्बन्धित फ़ूको की अवधारणाओं पर एक संक्षिप्त दृष्टि डाल लेना उपयोगी होगा, ख़ासकर ऐसे कुछ बिन्दुओं पर जो हमें भारतीय इतिहास को भी नई तरह सोचने-विचारने की सामग्री दे सकते हैं।

फ़ूको के चिन्तन में कुछ शब्द उनके विचारों की कुंजी की तरह हैं, जैसे– वर्तमान (present), वंशावली/वंशक्रम (genealogy), ज्ञानमीमांसा (epistemology), तकनीक (technology/technique) और विच्छिन्नता (discontinuity)। यहाँ मैं फ़ूको की इतिहास-सम्बन्धी कुछ अवधारणाओं की चर्चा तक अपने को सीमित रखूँगा। (प्रसंगवश इस ओर भी ध्यान जाता है कि फ़ूको विभिन्न विषयों से लिए गए शब्दों को अपने चिन्तन में इस तरह स्थानान्तरित करते हैं कि एक ओर जहाँ उन शब्दों का पारम्परिक अर्थाभास बना रहता है, दूसरी ओर उनमें नए चिन्तन का संचार भी होता है; यानी, एक तरह से उनमें नई प्राण प्रतिष्ठा होती है। हिन्दी साहित्य-समीक्षा में आज अनेक ऐसे शब्द हैं, जो बेजान हो चुके हैं। उन्हें अनुप्राणित करने के लिए फ़ूको की अन्तर्विषयक चिन्तन-विधि से कई मूल्यवान संकेत लिए जा सकते हैं।)

फ़ूको वर्तमान की दृष्टि से अतीत के अध्ययन पर ज़ोर देते हैं। नीत्शे (Nietzsche) ने 'प्रभावी इतिहास' (effective history) की बात की थी। फ़ूको भी इतिहास में वर्तमान की हस्तक्षेपी भूमिका के पक्षधर हैं। उनकी इतिहास की इस वर्तमान-परक व्याख्या के अनेक विषयों पर–जिनमें साहित्य भी है–दूरगामी असर रहे हैं। फ़ूको ऐतिहासिक अध्ययनों की सादृश्यता वंशावली में देखते हैं परन्तु मूलतः उसके जीवन्त विकास में, न कि अतीत की किसी जड़ या ठहरी हुई अवधारणा में। वर्तमान की ज़रूरतें बदलती रहती हैं। अतः इतिहास की व्याख्या भी बदलती रहेगी। इतिहास-वस्तु कमोबेश वही रहती है, पर वर्तमान की अपेक्षा उसकी संरचना में बदलाव आना लाज़िमी है। लेकिन इतिहास को लेकर उनकी दृष्टि प्रगतिशील रहती है न कि पुरातन पंथी।

दो बातें साफ़ उभरकर सामने आती हैं–(1) इतिहास का 'पाठ' या 'अध्ययन' वर्तमान को प्रमुख रखकर, उसके सापेक्ष किया जाना चाहिए न कि

अतीत के किसी कालखंड, पक्ष या छवि को प्रमुख अथवा प्रमाण मानकर और (2) ऐतिहासिक अध्ययनों में सांस्कृतिक दृष्टिकोण को प्रमुखता मिलनी चाहिए। द्रष्टव्य है कि आज के ऐतिहासिक चिन्तनों में 'सांस्कृतिक' शब्द ही प्रमुख है चाहे वह रेमण्ड विलियम्स (Raymond Williams) का सांस्कृतिक भौतिकतावाद (Cultural Materialism) हो, या नव-ऐतिहासिकतावाद हो–जिसका स्टीफ़ेन ग्रीनब्लाट (Stephen Greenblatt)[2] द्वारा अब नया दिया गया नाम सांस्कृतिक काव्यशास्त्र (Cultural Poetics) है। इस सम्बन्ध में ग्रीनब्लाट के 'रिनेसान्स अध्ययनों' की भूमिका का विशेष महत्त्व है। नव-ऐतिहासिकतावाद (या सांस्कृतिक काव्यशास्त्र) दोनों की पृष्ठभूमि में मीशेल फ़ूको और रेमण्ड विलियम्स के विचार ख़ास महत्त्व रखते हैं। विलियम्स के सांस्कृतिक भौतिकतावाद की जड़ें यदि मुख्यतः ब्रिटिश समाजवादी चिन्तन में हैं तो नव-ऐतिहासिकतावाद या सांस्कृतिक काव्यशास्त्र के मूल अमेरिकी चिन्तन में हैं। इस विभेद की छानबीन यहाँ ज़रूरी नहीं। फ़ूको ने तथा 'नव-ऐतिहासिकतावादियों' ने समाज के सांस्कृतिक, कलात्मक, साहित्यिक, दार्शनिक, नैतिक, वैज्ञानिक, बौद्धिक आदि तथ्यों के 'संयुक्त' और 'विविक्त' 'पाठ' पर अतिरिक्त दबाव डाला। उनकी सोच में कहीं यह विवेक निहित है कि किसी भी समय के इतिहास को एक उजागर, संवेदना-सम्पन्न और जागरूक चेतना के माध्यम से देखना उस समय की सच्चाइयों और असलियत को एक ज़्यादा निष्पक्ष और भरोसेमन्द माध्यम से देखना है। फ़ूको ने इतिहास के पदों को नये पुराने अनेक संस्थानों और जीवन-दृष्टियों से जोड़ा, जैसे पुरातत्त्व को ज्ञान से या 'विक्षिप्तता' को 'सभ्यता' से, तो कहीं उन्होंने एक समय-विशेष के पूरे संस्कृति-बोध को अपने सवालों का लक्ष्य बनाया, और इतिहास के अर्थ को एक ज़्यादा बड़े सांस्कृतिक परिवेश से जोड़कर विस्तृत किया।

इसी तरह ग्रीनब्लाट ने अपने अध्ययनों में रानी एलिजाबेथ की अपेक्षा शेक्सपीयर को अधिक महत्त्व देते हुए उनके 'इतिहास-शृंखला' के नाटकों का एक नया 'पाठ' और 'व्याख्या' प्रस्तुत किए हैं। उनके अनुसार ये नाटक केवल सम्राटों की जीवनियों (या सम्राटशाही) की प्रस्तुति मात्र नहीं हैं–सबसे पहले वे एक कला के ज़रिये उस विडम्बना का भंडाफोड़ हैं कि पूरी सम्राटशाही का तामझाम महज़ एक खेल-तमाशे की तरह है। उनके एक लेख 'Invisible Bullets' के एक उद्धरण से उनका मन्तव्य स्पष्ट है–"Royal power is manifest to its subjects

---

2 Stephen J. Greenblatt. 'Shakespearian Negotiations', Clarendon Press, Oxford, 1988; and 'Learning to Curse: Essays in Early Modern Culture', Routledge, London, 1990.

as in a theatre... It is precisely because of the English form of absolutist theatricality that Shakespeare's drama, written for a theatre subject to state censorship, can be so relentlessly subversive: the form itself, as a primary expression of Renaissance power, helps to contain the radical doubts it continually provokes."[3] ध्यान जाता है कि यहाँ 'फ़ॉर्म' (नाटक के स्वरूप) को भी एक 'विषय' (content) की तरह 'पढ़ा' गया है।

इतिहास-वस्तु को लेकर पिछले कुछ वर्षों में जो सोच-विचार होता रहा है, उसे ध्यान में रखते हुए भारतीय सन्दर्भ में कुछ बातों पर फिर से विचार किया जाना चाहिए। इतिहास का 'पाठ' और उसकी 'व्याख्या' की ओर सबसे पहले ध्यान जाना लाज़िमी है।

भारतीय-इतिहास की स्रोत-सामग्री असम्बद्ध और तितर-बितर है। वैसे भी, काल-क्रमानुसार इतिहास-लेखन की कोई पारम्परिक नीति या रीति भारत में (मुस्लिम काल से पहले) नहीं रही। कल्हण की 'राजतरंगिणी' को छोड़ दें तो कलाएँ, साहित्य, मिथक यानी सांस्कृतिक सामग्री ही एकमात्र ऐसा स्रोत रहा है, जिसमें इतिहास को 'पढ़ा' जाता रहा। यह सामग्री अ-ठोस और लचीली है। इसे साक्षी मानकर इतिहास की रचना तथ्यपरक नहीं हो सकती, लेकिन सांस्कृतिक–यानी साहित्य, दर्शन और कलाओं की दृष्टि से इतिहास का एक अधिक संश्लिष्ट और मानवीय पाठ सम्भव है, जो आज के सन्दर्भ में ज़्यादा महत्त्वपूर्ण है।

द्रष्टव्य है कि ए.एल. बाशम (A.L. Basham) ने अपने 'The Wonder That Was India' में इसी सामग्री को प्रमुखता दी है तथा सम्राटों, युद्धों, तारीख़ों आदि के विवरणों को हाशिए में रखा है।

मुस्लिम-काल (सातवीं सदी) से भारतीय इतिहास अधिक सम्बद्ध है तथा किसी हद तक नियोजित 'पाठ' के रूप में मिलता है। अरबी-फ़ारसी में इतिहास-दर्शन और इतिहास-लेखन की निश्चित परम्परा रही है–सम्भवतः प्राचीन यूनानी इतिहासकारों की कृतियों के निकट सम्पर्कों के कारण। प्राचीन यूनानी इतिहास-दर्शन और साहित्य का एक बहुत बड़ा हिस्सा अरबी अनुवादों में सुरक्षित रहा। इतिहास चिन्तन पर 'इब्ने ख़ाल्दून का मुक़द्दमा' जैसे ग्रन्थ बिना एक परिपक्व ऐतिहासिक बोध के सम्भव नहीं। जो बात आज भी आश्चर्य में डालती है, वह है अरबी विद्वानों का संसार भर के विचार-साहित्य में गहरा अनुराग और उसे अरबी भाषा में अनुवादित करने की धुन। यह प्रवृत्ति धार्मिक कट्टरता के

3 'Literary Theory: An Anthology', edited by Julie Rivkin and Michael Ryan, Blackwell, Oxford, 1998. Pages 798-799.

बावजूद बची रही, जिसे हम अक़बर के 'दीने इलाही' और दाराशिकोह के उपनिषद् के अनुवादों तक सुरक्षित पाते हैं।

मुस्लिम इतिहासकारों का दृष्टिकोण तथ्यपरक होते हुए भी मुख्यतः सामन्ती था। उनमें से अधिकांश इतिहासकार राज्याश्रयी थे और उनके लिए अपने संरक्षक-शासक का प्रशंसापरक इतिहास लिखना स्वाभाविक था। यह ऐतिहासिक विवरण समाज और राजनीति के प्रशासक वर्ग को प्रमुखता देता है।

लेकिन इस इतिहास के समानान्तर एक दूसरा इतिहास भी है–भारतीय संस्कृति और कलाओं का इतिहास, जो उसके राजनीतिक अतीत और वर्तमान की अपेक्षा, अधिक संश्लिष्ट और अक्षुण्ण रहा है, और जिससे भारतीय संस्कृति की वह मुख्य धारा और समग्र पहचान बनती है जिसमें देशी-विदेशी का भेद करना मुश्किल हो जाता है।

साहित्य के सांस्कृतिक सन्दर्भों पर विचार करते समय अक्सर उनके ऐतिहासिक की अपेक्षा भौगोलिक पक्ष पर कम ध्यान दिया जाता है, जबकि विभिन्न समयों में विभिन्न जातियों के स्थानान्तरण (migrations) या देशान्तरण की लगातार गतिविधियों का सांस्कृतिक रूपों में परिवर्तन के पीछे निर्णायक असर रहा है–ख़ासकर भारतीय सन्दर्भ में। ये स्थानान्तरण चाहे बड़े पैमाने पर रहे हों, जैसे एक देश से दूसरे देश में, चाहे छोटे पैमाने पर, जैसे एक ही देश में एक जगह से दूसरी जगह–उनका व्यापक असर संस्कृतियों के स्वरूप-निर्धारण पर पड़ता है। इस स्थानान्तरण के कई कारण हो सकते हैं–फ़ौजी, राजनीतिक, आर्थिक, औद्योगिक वग़ैरह, या इनमें से कई मिले-जुले कारणों का एक संगुम्फन। मूल तथ्य है विभिन्न या विजातीय संस्कृतियों का निकट सम्पर्क में आना और उनके सांस्कृतिक 'पैटर्न्स' में परिवर्तन की भूमिका बनना। इधर पिछले वर्षों के हिन्दी साहित्य के परिप्रेक्ष्य में देखें तो गाँवों से शहरों की ओर आबादी का जो एक बड़ा हिस्सा आया है, उसने दोनों जगहों की संस्कृतियों पर एक बुनियादी असर डाला है। इसी तरह पंजाब-विभाजन से एक बड़ा फ़र्क़ आया। लेकिन इस परिवर्तन को हम केवल संस्कृति या साहित्य की भाषा में नहीं समझ सकते–इसके पीछे जो औद्योगिक, आर्थिक, सामाजिक और राजनीतिक कारण हो सकते हैं, उनकी अवगति भी ज़रूरी है। व्यक्ति का और मानव-समूहों का यह विचरण जितना ऐतिहासिक है उतना ही भौगोलिक भी। मनुष्य की एक प्रवृत्ति अगर कहीं स्थायी तौर पर अपना घर बनाकर अपनी ज़मीन, चीज़ों और सगे-सम्बन्धियों के साथ जुड़कर रहने की (domestic) है; तो दूसरी, उतनी ही प्रबल वृत्ति, उसके घूमन्तू, सैलानी, साहसिक या फक्कड़

स्वभाव में (nomadic) है। साहित्य में इन दोनों ही तरह की छवियों के विभिन्न रूप प्रतिबिम्बित होते रहे हैं–'घर' की यादें और 'दूरियों' की चुनौती भरी ललक में मानों साहित्य के ताने-बाने के आदि रूपक हैं। कुछ मानव-विज्ञानियों के अनुसार, इन प्रवृत्तियों के मूल में मनुष्य के खेतिहर अतीत और शिकारी अतीत की झलकें हैं। बहरहाल, संस्कृतियों के बनने और बदलने की प्रक्रिया में स्थानान्तरण की जो भूमिका बनती रही वह समस्यामूलक भी रही और समन्वयात्मक भी।

जैसे, हमारी 'पहचान' और 'अस्मिता' को अगर एक सरलीकृत वैदिक या वैदान्तिक अतीत के ही परिप्रेक्ष्य में रखकर सोचा जाए तो भारतीयता की एक अपूर्ण और स्थैतिक धारणा बनती है, जबकि सच्चाई यह है कि कालान्तर में आर्य संस्कृति कई विपर्ययों से गुज़री है; आनेवाली संस्कृतियों से वह प्रभावित भी हुई और उन्हें प्रभावित भी किया है। बौद्ध-दर्शन देश के बाहर गया–सामूहिक या सामरिक ढंग से नहीं–वैचारिक और सांस्कृतिक ढंग से और दुनिया के अनेक देशों पर उसका व्यापक असर पड़ा; उनकी कलाओं, साहित्य और आचार-विचार को उसने अन्दर से बदला। भारत का मध्यकालीन इतिहास केवल लड़ाइयों और विध्वंसों की किताब नहीं है। उस संस्कृति, साहित्य और कलाओं का इतिहास भी है जिसने एक हज़ार साल तक हमारे भावनात्मक जीवन को बिखरने नहीं दिया। इसमें एक से अधिक जातियों और धर्मों का योगदान है। ग़ौर करने की बात यह है कि हम इतिहास को कहीं एक जगह या एक वक़्त में ठहराकर संस्कृति को परिभाषित नहीं कर सकते। वह एक गतिशील अवधारणा भी है और बहुविषयक भी। सिकन्दर के पूर्वी अभियान के साथ ग्रीक दर्शन और संस्कृति की पूर्व की ओर यात्रा के प्रमुख पड़ाव-बिन्दु अलेक्ज़ेण्ड्रिया, कान्सटैण्टिनोपुल, बग़दाद, बसरा आदि रहे। यहीं वे भारतीय विचारों के निकट सम्पर्क में भी आए। अरबी और फ़ारसी में ग्रीक तथा भारतीय दर्शन के अनेक ग्रन्थों के अनुवादों का बड़े पैमाने पर काम हुआ। हेलेनिज़्म (Hellenism) और नव-प्लेटोवाद (neo-Platonism) की नयी पहचान बनी। प्लोटिनस (Plotinus, 205-270 A.D.) के विचारों पर भारतीय दर्शन का स्पष्ट प्रभाव दिखता है। इसके विश्वसनीय प्रमाण मिलते हैं कि ईसाई धर्म, इस्लाम, बौद्ध और वैदान्तिक विचार एक-दूसरे से भली-भाँति परिचित थे। सूफ़ीवाद में भी वेदान्तों का जो असर दिखाई देता है सम्भवतः वह इसी माहौल की देन है और बाद में भारत में इस्लाम के प्रवेश के साथ सूफ़ीवाद के अनेक भाव भक्तिकालीन साहित्य के साथ आसानी से घुल-मिल सके।

इस हज़ार साल लम्बे 'साहित्य-समय' को नयी तरह से एक व्यापक ऐतिहासिक-सांस्कृतिक परिप्रेक्ष्य में रखकर सोचना ज़रूरी है, अन्यथा हम हिन्दी भाषा और साहित्य के उन अनेक भाव-सूत्रों और विचार-कोणों को नहीं पकड़ पाएँगे जिनकी मज़बूत जड़ें इस अतीत में हैं और इसका बहुत कुछ परम्परा के रूप में आज भी जनमानस और भारतीय कलाओं में जीवित है। इस समय को हम महज़ सामन्ती, धार्मिक या किसी 'अँधेरे युग' का खंड मानकर ख़ारिज नहीं कर सकते। यह एक बहुत बड़ा नैतिक जनान्दोलन था जिसने मूलतः कविता, संगीत और कलाओं के माध्यम से अपनी वह पक्की 'पहचान' बनाई, जिसे हम गांधी तक बरक़रार देखते हैं।

यही वह समय था जब कई भाषाएँ (आधुनिक हिन्दी की मूल), विचार, धर्म और जीवन-शैलियाँ एक-दूसरे के निकट सम्पर्क में आईं और हमारी एक 'सामासिक पहचान' बनी। इसकी एक लम्बी और अटूट भारतीय परम्परा है जिसके अध्ययन का एक वैश्विक वर्तमान है। उसके विभिन्न सूत्र हिन्दी भाषा में कुछ इस तरह व्याप्त हैं कि हम उन्हें अलग-थलग नहीं कर सकते। कबीर हिन्दू थे या मुसलमान कोई नहीं जानता। वे स्वयं अपना परिचय इस तरह देते हैं–

ऐसो भरम बिगुरचनि भारी,
बेद कतेब दीन और दोजष को पुरुषा को नारी ॥
माटी का घट साज बनाया नादे-बिन्दु समाना।
घट बिनसे क्या नाम धरोगे अहमक षोज भुलाना ॥
एकै त्वचा हाड मल-मूता एक रुधिर एक गूदा।
एक बूँद में सृष्टि रची है को ब्राह्मन को सूदा ॥
रजोगुन ब्रह्मा तमोगुन संकर सतोगुनी हरि होई।
कहैं कबीर राम रमि रहिये हिन्दू-तुरक न कोई ॥

(बीजक, सं. 75)

अपनी वंशावली में जाएँ तो पता ही नहीं चलेगा कि हममें से कौन यहाँ का है और कौन बाहर का? आर्य, शक, हूण, द्रविड़, अरब, तुर्क, मंगोल...कौन शुद्ध देसी हैं और कौन विदेसी? किसने बनाया ताजमहल?–शाहजहाँ ने, जो ख़ुद तीन चौथाई हिन्दू था? या उन तमाम कारीगरों ने, जिनकी आज न तो जाति मालूम, न वंशावली? लेकिन उनकी रचना को आज हम भारत की ही नहीं दुनिया की एक महान् कलाकृति मानते हैं।

बात मैंने अर्थशास्त्र की ओर से उठाई थी। एक बार फिर उस ओर लौटें। 1999 में अमर्त्य सेन की 'डेवलपमेंट ऐज़ फ्रीडम'[4] प्रकाशित हुई थी।

अर्थशास्त्र को एक मानवीय और नैतिक चेहरा देने में जिन विद्वानों का बुनियादी हाथ रहा है, उनमें सेन का महत्त्वपूर्ण योगदान है। पुस्तक में उन्होंने 'विकास' और 'स्वतन्त्रता' की अवधारणाओं को इस तरह अन्तर्निष्ठ किया है कि दोनों के आशय मानवीयता और नैतिकता की दिशा में विस्तृत होते हैं। उनका मानना है कि 'स्वतन्त्रता' केवल 'निर्धनता' दूर कर देने से प्राप्त नहीं हो जाती। मनुष्य की स्वतन्त्रता को केन्द्र में रखकर 'विकास' का यह सर्वांगीण प्रारूप बनना चाहिए जिसके सन्दर्भ में ही 'स्वतन्त्रता' कोई माने रख सकती है। 'स्वतन्त्रता' का अधिकार दे देने से ही स्वतन्त्रता नहीं मिल जाती : उन साधनों का–सरकारी, अर्द्ध-सरकारी और अ-सरकारी संस्थानों और संसाधनों का भी सम्यक् विकास ज़रूरी है जिनके सन्दर्भ में ही स्वतन्त्रता कोई मानवीय अर्थ पाती है : अन्यथा वह स्वतन्त्रता नहीं, 'अ-स्वतन्त्रता' (un-freedom) है। स्वतन्त्रताएँ हों, यह विकास का पहला लक्ष्य तो है ही, पर वही विकास का ज़रूरी साधन भी है। 'अ-स्वतन्त्रता' की जिन तीन अवस्थाओं का सेन ने उल्लेख किया है वे विशेष ध्यान देने योग्य हैं–(1) कभी-कभी उसका सीधा सम्बन्ध आर्थिक ग़रीबी से होता है, (2) कई बार उनका सम्बन्ध अविकसित, अयोग्य और भ्रष्ट संस्थानों से होता है, और (3) दमनकारी शासकीय व्यवस्थाओं में भी राजनीतिक और नागरिक स्वतन्त्रताएँ छिन जाती हैं। 'स्वतन्त्रता' और 'विकास' के अन्तर्सम्बन्धों पर सेन ने गहनता और विस्तार से विचार किया है तथा उनके पूरे सोच में दर्शन, साहित्य और नीतिशास्त्र की संवेदनाओं की प्रच्छन्न छायाएँ हैं। वे स्वतन्त्रता के अर्थ को केवल आर्थिक या राजनीतिक सन्दर्भों में नहीं परिभाषित करते : उसे एक बृहत्तर सांस्कृतिक और ऐतिहासिक परिप्रेक्ष्य में रखकर विश्लेषित करते हैं।

हिन्दी साहित्य में स्वतन्त्रता शब्द प्रायः अपने सीमित राजनीतिक अर्थों में ही प्रयुक्त होता रहा। उसी तरह क्रान्ति या क्रान्तिकारी परिवर्तनों की अवधारणा में भी सांस्कृतिक की अपेक्षा उसके कुछ राजनीतिक सन्दर्भ ही प्रमुख रहे। हम याद करें कि पिछली सदी के शुरुआती वर्षों में टी.एस. एलिअट ने परम्परा जैसी रीतिबद्ध अवधारणा को भी एक क्रान्तिकारी ढंग से सोचा था और साहित्य को नयी तरह सोचने के लिए एक निश्चित आधार दिया था। गांधी-आन्दोलन के लिए

4 'Development as Freedom', Amartya Sen, Alfred A. Knopf, New York, 1999.

कह सकते हैं कि वह भी क्रान्ति के अर्थ को अहिंसात्मक क्रान्तियों के इतिहास से जोड़ने का उपक्रम था। आमतौर पर जब क्रान्ति की बात उठती है, तो हमारे दिमाग़ में फ्रांस या रूस की ख़ूनी क्रान्तियों के बिम्ब उभरते हैं, यानी उनके सांस्कृतिक की अपेक्षा राजनीतिक पक्ष ही प्रमुख रहते। इसी तरह औद्योगिक या प्रौद्योगिक क्रान्तियों में भी पाश्चात्य उन्नत देशों के आर्थिक और भौतिक प्रतिमान (paradigms) ही प्रधान रहते। गांधी ने 'क्रान्ति' के अर्थ को जब 'अहिंसा' और 'सत्याग्रह' से जोड़ा तो उसे आत्मिक दिशाओं में विस्तृत करते हुए उसे नयी तरह 'इतिहासित' किया—केवल उपदेश द्वारा नहीं, 'उदाहरण' द्वारा। यह अहिंसा की नैतिक शक्ति का एक नयी तरह प्रमाणीकरण (validation) था। सेन के आर्थिक चिन्तन में भी साहित्यिक और नैतिक संस्कारों का आग्रह स्पष्ट है जो विकास की उनकी परियोजनाओं में केवल भौतिक पक्ष को प्रमुख न रखकर उसके मानवीय पक्ष को बराबर का महत्त्व देता है।

सामान्यतः लोकहित या लोक-कल्याण की परिकल्पनाओं में भी 'आर्थिक मनुष्य' (homo-economicus) का आदर्श ही प्रमुख रहा, कुछ इस तरह कि मानों मनुष्य की शैक्षिक और सांस्कृतिक ज़रूरतें दूसरे दर्जे की ज़रूरतें हों। लेकिन इधर अंधाधुंध औद्योगिक, तकनीकी और आर्थिक विकास के परिप्रेक्ष्य में मनुष्य और पर्यावरण पर पड़ रहे विपरीत प्रभावों ने विकास के नैतिक पक्ष को फिर से एक बार प्रासंगिक बना दिया है। बाज़ार की अर्थव्यवस्था को लेकर भी कई तरह के नैतिक सवाल उठते रहे हैं। जैसे चिकित्सा जैसी सार्वजनिक सेवाओं को लेकर कि उन्हें सिद्धान्ततः बाज़ार की क्रय-विक्रय वाली नीति के अन्तर्गत मानना चाहिए? या उनकी श्रेणी अलग है? उसी तरह 'श्रम' भी 'सम्पत्ति' और 'चीज़ों' की तरह बाज़ार की माँगों के अनुसार किसी भी भाव ख़रीदा-बेचा जा सकता है? या उसके साथ ऐसे नैतिक प्रतिबन्ध जुड़े हैं जिनसे हमारा मानव-मूल्य-बोध बना है? क्या एक 'श्रमिक' को, जो किसी कम्पनी में काम करता है, कम्पनी के मुनाफों में हिस्सेदारी का नैतिक अधिकार है? मूलतः इस तरह के सवाल नैतिकता और सामाजिक न्याय की भावना से उत्प्रेरित होते हैं।

नैतिकता मनुष्य के स्थायी सरोकारों में से रही है। उसके सन्दर्भ बदलते रहे, पर उसकी प्रासंगिकता कभी भी कम नहीं हुई। सातवें दशक से हम नैतिक चिन्तन को एक नयी तरह उद्वेलित होते देखते हैं—ख़ासकर उसके व्यावहारिक पक्ष (applied ethics) से जुड़े कई सवालों को लेकर। यह विवेक स्पष्ट उभरता जान पड़ता है कि नैतिकता के नियमों को तर्क-वितर्क द्वारा सिद्ध या असिद्ध नहीं कर सकते, उसका मूल मनुष्य के भावनात्मक और उद्रेकमूलक स्वभाव में है। नैतिकता

का उत्स संज्ञानात्मक तथा व्यवहार-जनित है। मार्था नुसबॉम (Martha C. Nussbaum) ने अपनी पुस्तक 'लव्ज़ नॉलेज'[5] में अरस्तू का सन्दर्भ देते हुए उनकी इस मान्यता को महत्त्व दिया है कि एक समाज में कुछ 'श्रेष्ठताएँ' या 'उत्कृष्टताएँ' (excellences) अपनी जगह बनाती चलती हैं। धीरे-धीरे वे देशकाल की सीमा का उल्लंघन करके मानव जाति के नैतिक विवेक का हिस्सा बन जाती हैं। वे तर्क-सिद्ध नहीं व्यवहार-सिद्ध होती हैं।

नुसबॉम ने अपनी पुस्तक में 'प्रेम-भावना' का 'सम्पन्नता' और 'ऊर्जा' के रूप में गहन विवेचन करते हुए उसे साहित्य और दर्शन से जोड़ा है। अरस्तू का कहना था कि एक जीवन में हम पर्याप्त जीवन नहीं जी सकते। इस अपर्याप्तता की आपूर्ति के लिए वह जीवन भी ज़रूरी है जो हम साहित्य और कलाओं में पाते हैं। वह भिन्न प्रकार का जीवन है, लेकिन है वह भी जीवन ही।

साहित्य जीवन को कई रूपों में प्रस्तुत करता है। इन 'रूपों का दृष्टान्तमूलक' या/और 'उदाहरणमूलक' महत्त्व है–दार्शनिक चिन्तन में भी और नैतिक चिन्तन में विशेषतः। इनसे मिले संकेत मनुष्य के नैतिक संस्कारों को बनाने में भी मदद करते हैं और नैतिक मूल्यों की संकल्पना (conceptualisation) में भी। भले-बुरे, सुन्दर-असुन्दर, सत्य-असत्य, उचित-अनुचित की अवधारणाओं के निर्माण में साहित्यिक चरित-नायकों, संकेतों और प्रतीकों की महत्त्वपूर्ण भूमिका होती है। यानी उत्कृष्टता के नमूनों को इस तरह प्रस्तुत करना कि हम उनके अनुकरण की ओर आकृष्ट हों।

प्रसिद्ध अमेरीकी विचारक रिचर्ड रॉर्टी (Richard Rorty) का मानना है कि 'उत्कृष्टता' के नमूनों के लिए एक सार्वकालिक मानक चाहिए...ऐसा कुछ 'सर्वोच्च' (transcendent), जिसकी अपेक्षा एक मानव समुदाय सही जीवन, कर्म और विश्वासों के औचित्य को स्थापित/निर्धारित कर सके।

हर समुदाय के लिए एक 'परा-स्थिति' (transcendent standpoint) का सन्दर्भ ज़रूरी होता है–(उनके सामान्य स्तर से परे एक परा-भौतिक तल) जो देशकाल से परे हो–'परम सत्य' या 'परम तत्त्व' जैसा कुछ। रॉर्टी यद्यपि इस 'उच्चतम और निम्नतर' वाली स्थिति में कहीं ऊँच-नीचवाली सत्तावादी मानसिकता के ख़तरे देखते हैं, पर इससे कोई निस्तार भी नहीं देखते। 'ईश्वर' या 'परम सत्य' जैसी संकल्पनाओं को हम यदि हटा भी दें, तो उनकी जगह हम लामहाला 'तर्क' या 'आदर्श' या 'विज्ञान' या 'विचारधारा'-जैसे किसी विकल्प को

5 'Love's Knowledge: Essays on Philosophy and Literature', Martha C. Nussbaum, Oxford University Press, New York and Oxford, 1990.

सर्वोच्च मान लेंगे। रॉर्टी के इस परिणामवादी (pragmatic) चिन्तन में परस्पर-सहायक आत्मनिर्भर-इकाइयों का एक सुझाव ध्वनित ज़रूर होता है, पर उसे लेकर रॉर्टी बहुत दूर तक उत्साहित नहीं दिखते।

जिस ओर विशेष ध्यान जाना चाहिए वह है, नैतिकता से जुड़े प्रश्नों का तर्क-वितर्क की अपेक्षा 'पराभौतिकी' (metaphysical), 'रहस्यवादी' (mystical) और 'रोमांटिक' (romantic) ढंग के उद्भावनात्मक वर्ग के विषयों से घनिष्ठता। तर्क यद्यपि विश्लेषण और विवेचना पर निर्भर जानकारियों का मुख्य साधन है, लेकिन वह मनुष्य के मूलतः उद्रेकमूलक और भावनात्मक स्वभाव को न तो पूरी तरह नियन्त्रित कर पाता है, न उसे गौण ही सिद्ध कर पाता है। उन पर अनुशासन और संयम जिन युक्तियों द्वारा सम्भव है, उनके अ-तार्किक (non-rational) स्रोतों की ओर भी ध्यान जाना ज़रूरी है।

आज भारतीय राजनीति और समाज नैतिकता के जिस संकट से गुज़र रहे हैं उसमें नैतिकता या उसके समानाशयी शब्दों को नयी तरह कैसे अनुप्राणित किया जा सकता है? कहीं अमेरीकी विचारक विलार्ड वान ओरमन कीन (Willard Van Orman Quine) ने कहा है कि शब्द ऊर्जस्वी कणों (charged particles) की तरह होते हैं। अति इस्तेमाल से उनकी यह ऊर्जा क्षीण पड़ जाती है। उन्हें फिर से ऊर्जावान बनाने में अन्य विषयों की रगड़ सहायक हो सकती है।

भाषा की 'सामर्थ्य' और 'बेबसी' दोनों पर बीसवीं सदी में गहरा चिन्तन होता रहा है। एक नाम अनायास याद आता है–लुडविग विटगेन्श्टाइन (Ludwig Wittgenstein)। बात को बहुत सुनियोजित ढंग से जमाकर कहने का आग्रह विटगेन्श्टाइन के लेखन की विशेषता नहीं रही–फिर भी, उनके फैले-बिखरे लेखन से जो कई मूल्यवान संकेत मिलते हैं उनमें से भाषा और नैतिकता के अन्तर्सम्बन्धों को लेकर उनकी यह मान्यता विचारणीय है कि गहन यथार्थ के अन्तरंग को या उसके स्वरूप को ठीक से 'बयान' (describe) नहीं किया जा सकता, उसे केवल 'दर्शाया' (shown) जा सकता है। सच्ची दार्शनिक अन्तर्दृष्टि अर्द्ध-वैज्ञानिक शब्दावली के वाग्जाल में नहीं प्राप्त हो सकती। अगर वह मिल सकती है तो बौद्धिक ईमानदारी से जो भ्रमों के स्रोतों को छिन्न-भिन्न कर सके। विटगेन्श्टाइन के विचारों का दूरगामी असर रहा है। पाश्चात्य दर्शन में इधर मनुष्य के नैतिक 'अनुभव' और नैतिक 'चेतना' को स्वाभाविक वृत्तियाँ मानकर काफ़ी चिन्तन हुआ है।

आगे 'रोमैंटिसिज़्म' (romanticism) और 'पराभौतिकी' (metaphysics) की थोड़ी चर्चा करूँगा जिनका 'नैतिकता' के सन्दर्भ में महत्त्व है। 'उपदेश' और

'उदाहरण' ('preaching' and 'precept') के बीच फ़र्क़ करते हुए अभी मैंने गांधी की नैतिक क्रान्ति का ज़िक्र किया था।

कुछ समय पहले प्रकाशित रिचर्ड बी. मिलर (Richard B. Miller) की पुस्तक 'केसुएस्ट्री एंड मॉडर्न एथिक्स'[6] के चौथे अध्याय में नैतिकता, तर्कपरकता और रोमैंटिसिज़्म को लेकर कुछ टिप्पणियाँ विचारणीय हैं। केसुएस्ट्री, यानी उदाहरणों पर आधारित तर्क (casuistry, or case-based reasoning) के कुछ अंश इस प्रकार हैं—रोमैंटिसिज़्म एक कोशिश है कुछ उन सामाजिक अनुबन्धों को आलोकित करने की, जो हमारे नैतिक और राजनीतिक जीवन के मूल में होते हैं। इस चेष्टा का तरीक़ा तार्किक बहसों में न पड़कर, प्रतीकात्मक वर्णनों द्वारा रोज़ के जीवन में आम सहमतियों के विशिष्ट क्षेत्रों को आलोकित करना है। उसके बिम्बों और रूपकों का इस्तेमाल दार्शनिक स्थापनाओं की संरचना न होकर दृश्यात्मक और चामत्कारिक ढंग से सामान्य को इस तरह प्रस्तुत करना है कि उससे नैतिक सिद्धान्तों और आचरणों के स्थायी स्रोत पुष्ट हों। उनका काम सामाजिक इक़रारों की रचना उतना नहीं जितना उन आधारों को अनावृत करना है जो रीति-रिवाजों, लोकाचार और अतीत में ढँके-से पड़े रहते हैं।

कुछ विद्वानों का मत यह भी है कि रोमैंटिसिज़्म का फलक इतना फैला हुआ है कि उसका कोई अलग वर्ग नहीं बनता; अधिक-से-अधिक उसे एक 'संवेदना' मानकर ही चला जा सकता है ('Casuistry and Modern Ethics' में Lilian Furst की 'Romanticism in Perspective' का संदर्भ)।

लेकिन इससे कोई विशेष फ़र्क़ नहीं पड़ता। नैतिकता के सन्दर्भ में अगर 'रोमैंटिसिज़्म' को एक 'संवेदना' मानकर भी चलें तो शायद उसे कविता तक खींच ले जाना अ-प्रासंगिक न होगा, ख़ासकर अगर हम आज के सामाजिक, आर्थिक और राजनीतिक यथार्थ को नैतिकता की दिशा में सन्तुलित करना चाहते हों।

आइरिस मरडॉक (Iris Murdoch) अपने 'मेटाफ़िज़िक्स ऐज़ अ गाइड टु मॉरेल्स'[7] में कलाओं और नैतिकता के अन्तर्सम्बन्धों पर विभिन्न दृष्टियों से विस्तार से विचार करते हुए मानती हैं कि "अमूर्त विचारों के बड़े-बड़े आन्दोलनों में गहरी नैतिकता का भावबोध सहज ही सक्रिय होता है...।"

---

6 'Casuistry and Modern Ethics: A Poetics of Practical Reasoning', Richard B. Miller, The University of Chicago Press, Chicago and London, 1996.

7 'Metaphysics as a Guide to Morals', Iris Murdoch, Penguin Books, 1993.

मनोविज्ञान में भी, उदात्तीकरण के प्रसंग में, पराभौतिकी की एक सहज भूमिका बनती है। उसके प्रभाव मनोपचारिक ढंग से काम करते हैं–हमारी मानसिक दुनिया को एक ज़्यादा बड़ी काल्पनिक 'स्पेस' में विस्तृत करके। यह यथार्थ से भागना नहीं, उसके बोझ को थोड़ा हलका करने की युक्ति है।

इस लेख को लिखते समय यह बात बराबर मेरे ध्यान में रही है कि आज की हिन्दी समीक्षा स्वयं अपने साहित्य को किस तरह सोच रही है। पिछले पचास वर्षों में उसकी विचार-पद्धति में अगर कोई महत्त्वपूर्ण बदलाव आया है, तो वह किस रूप में समीक्षा की भाषा, पदावली, मूल्यांकन और जीवन दृष्टि में प्रतिबिम्बित हो रहा है। कुछ विषय हैं, जैसे अर्थशास्त्र, इतिहास, संस्कृति, नैतिकता आदि जिनका मानव-समाज के लिए हमेशा केन्द्रीय महत्त्व रहा है और आज भी है। इन विषयों में आज अत्यन्त महत्त्वपूर्ण चिन्तन हो रहा है लेकिन हिन्दी-समीक्षा आज जितना व्यावहारिक राजनीति से प्रभावित या वाबस्ता दिखती है उतना अन्य विषयों से नहीं। वह अन्य विषयों से लिए गए 'शब्दों' या 'पदों' को भी जब इस्तेमाल करती है तो उन पर राजनीति की रंगत ही ज़्यादा चटक रहती है, बजाय उस चिन्तन के जो साहित्य-समीक्षा में प्रयुक्त हो रहे अनेक निर्जीव-से लगते 'शब्दों' और 'पदों' को नई तरह अनुप्राणित कर सकता है। लेख में मैंने ऐसे कई शब्दों की ओर संकेत किया है जिनके अर्थ-विस्तार के लिए उन्हें उनके मूल विषयों से जोड़ना ज़रूरी है। यह उन शब्दों के साहित्यिक सन्दर्भों के विकास के लिए भी ज़रूरी है।

अन्तर्विषयक चिन्तन की बात उठाना मुझे इसलिए भी ज़रूरी लगा ताकि हिन्दी समीक्षा की भाषा में अधिक खुलापन आए तथा उसकी विवेचना के तरीक़ों में गहराई और विस्तार आए। अनेक समीक्षा-पद हैं जिनके आर्थिक, सामाजिक और राजनीतिक आश्रयों का भी अन्य प्रकार के मानव-विषयक चिन्तनों के निकट सम्पर्क में आना ज़रूरी है।

हिन्दी का प्राचीन और मध्यकाल एक सशक्त सांस्कृतिक स्रोत है, लेकिन आज इसकी विकृत व्याख्याओं के ख़तरे सबसे अधिक दिखाई दे रहे हैं। उसके प्रति उदासीन रहने का मतलब है एक अनर्थ की सम्भावना की ओर से आँखें बन्द रखना। भारतीय जनमानस शैक्षिक दृष्टि से अभी भी इतना प्रौढ़ नहीं कि वह इतिहास के पाठ कुपाठ के बीच सही तरह फ़र्क़ कर सके। इसलिए इस सन्दर्भ पर नई तरह सोचने की ज़रूरत है।

पुराने साहित्य पर विश्वविद्यालयी ढंग का काम तो बहुत हुआ है, लेकिन नई दृष्टि से उस पर कम ही सोचा गया। आमतौर पर क्लैसिक्स के अध्ययनों पर

अध्यापकीय दृष्टि की परिपाटी ही छायी रही मानों उनकी प्रमुख उपयोगिता केवल डॉक्टरेट दिला सकने में हो। नया साहित्यकार अपने क्लैसिक्स के प्रति लगभग उदासीन रहा, जबकि सामाजिक मन में उस साहित्य की छवि आज भी अपनी एक विशिष्ट जगह रखती है। जायसी पर विजयदेवनारायण साही का अध्ययन या मुक्तिबोध द्वारा कामायनी पर विचार अपवाद की तरह दिखते हैं, जिसमें एक क्लैसिक के साथ नई काव्यचेतना का अन्तरंग संवाद है। हिन्दी के पास छन्दों की समृद्ध विरासत है जिस तक को हम मानों गड़े ख़ज़ानों की तरह भूले हुए हैं। इसी तरह संस्कृत काव्य-शास्त्र की भी मानों अलग कहीं ऐसी एक दुनिया हो, जिसका वर्तमान से कुछ लेना-देना नहीं, जबकि पाश्चात्य समीक्षा में सुकरात, अफ़लातून, अरस्तू आदि कभी भी दृष्टि से ओझल नहीं होने दिए गए। खोज का मतलब केवल विलुप्त साहित्य को खोज निकालना नहीं है, उपलब्ध क्लैसिक्स के विलुप्त आशयों को खोज निकालना भी है। तभी हम साहित्य को उन बृहत्तर अर्थों से जोड़ पाएँगे जो परिवर्तनों के बीच भी हमारे नैतिक विवेक और सौन्दर्यबोध को स्थिर रख सके।

कभी-कभी मुझे लगता है मानों इक्कीसवीं सदी में पहुँचने की हड़बड़ी में बीसवीं सदी ने अपने आपको कुछ ज़्यादा ही अन्तिम तरीक़े से इतिहास कर लिया है—या शायद वह कुछ इस तरह पारदर्शी हो गई है कि उससे पहले की सदियाँ ज़्यादा साफ़ दिखाई देने लगी हैं! एक बड़ा फलक उभरता है—आदमी के कुल किये-धरे का, उसके सोच-विचार का। उसमें इतना कबाड़ भी भरा पड़ा है कि अक्सर उसमें से सार्थक और मूल्यवान कुछ को ढूँढ़ना मुश्किल हो जाता है। यहीं विवेक और सावधानी ज़रूरी है—और सबसे पहले शिक्षा की वह उदार पृष्ठभूमि, जिसके बिना दूसरों के साथ और ख़ुद के साथ भी, एक सार्थक संवाद असम्भव है। यहीं शायद साहित्य की भी एक ज़रूरी भूमिका बनती है कि वर्तमान पर एक सतर्क और समावेशी दृष्टि रखते हुए वह अपने सरोकारों के अर्थ को कितने रचनात्मक और विश्वसनीय ढंग से इतिहासित, परिभाषित और व्यंजित कर पाता है। तात्कालिक मुश्किलों का दबाव साहित्य पर इस तरह भी पड़ सकता है कि उनके आगे वह बहुत दूर तक न सोच पाए, और इस तरह भी पड़ सकता है कि वही उसके दूर तक सोचने का कारण बने। साहित्य की उपयोगिता बहुत कुछ इस पर निर्भर करती है कि वह हमें कितनी बड़ी जीवन दृष्टि दे पाता है—हमारे समय को कितने विविध, जानदार और मौलिक तरीक़ों से हमारे लिए सोच-समझ पाता है।

इस आलेख में मैंने बहुत योजनाबद्ध तरीक़े से नहीं, किंचित् बिखरे ढंग से ही कुछ विचार-बिन्दुओं को इकट्ठा रखा है। उद्देश्य एक सुनियोजित मन्तव्य या

थीसिस तैयार करना नहीं था बल्कि कई तरह की चिन्तन-सामग्री के सहारे हिन्दी समीक्षा की कुछ समस्याओं पर रोशनी डालना था। इन समस्याओं से हम अपरिचित नहीं; उलटे, इस हद तक उनके अभ्यस्त-से हो गए हैं कि उनके निराकरण के उपायों के प्रति भी लगभग उदासीन लगते हैं।

हिन्दी साहित्य समीक्षा के मौजूदा परिदृश्य में कुछ ख़ास बातों पर दृष्टि जाती है। भाषा (खड़ी बोली) को लेकर शुरू से ही एक विभाजन की स्थिति रही है–शायद, परायेपन (alienation) की स्थिति कि वह उस तरह साहित्य की अपनी भाषा नहीं बन सकी जैसे कभी 'अवधी' और 'ब्रज' भाषाएँ, यानी 'बोलियाँ', रही हैं। वह एक कृत्रिम भाषा की तरह अस्तित्व में आई और व्यापक स्तर पर भारतीय जनजीवन से नहीं जुड़ सकी। यह विभाजन हिन्दी और उर्दू को लेकर अगर साहित्यिक स्तर पर बना, या/और बनाया जाता रहा, तो अंग्रेज़ी के वर्चस्व के कारण शिक्षित वर्ग में भी साहित्य की पूरी स्वीकृति में बाधक रहा। यह विभाजन बोलचाल की भाषा में नहीं है–बातचीत और व्यवहार में हम हिन्दी और उर्दू को मिला-जुलाकर बोलते हैं–एक ऐसी भाषा जिसे कभी 'हिन्दुस्तानी' नाम देने की चेष्टा की गई। इस भाषा में अंग्रेज़ी को भी मिलाकर बोलने के चलन ने स्थिति को और भी विषम बनाया–साहित्य के लिए हिन्दी और उर्दू के बीच की खाई को पाटना फिर भी मुश्किल नहीं रहा है, लेकिन आज हिन्दी में व्यवहृत होनेवाले अंग्रेज़ी शब्दों को ज्यों-का-त्यों पचा पाना मुश्किल हो गया है। जिस हिन्दी में आज का साहित्य रचा जा रहा है और जो हिन्दी बोली जा रही है उसमें काफ़ी फ़ासला है। लिखित और बोलचाल की भाषा में थोड़ा फ़ासला तो सभी भाषाओं में रहता है पर इतना नहीं कि उसके कारण साहित्य और 'पाठक' के बीच सम्प्रेषण की दूरी (communication gap) इस तरह बन जाए कि उससे पाठक प्रतिक्रिया गम्भीर रूप से प्रभावित होने लगे और दोनों के बीच लेन-देन की एक सार्थक और अनुकूल परिस्थिति बनने में कठिनाई हो। पाठक के साथ साहित्य के जीवन्त संवाद की स्थिति का न बन पाना मानवीय स्तर पर दोनों की शक्ति को विपरीत ढंग से प्रभावित करता है। मानव संस्कृति के एक बहुत ही समर्थ स्रोत, यानी साहित्य से अधूरा सामना सामाजिक चेतना का अपनी भाषा के एक अत्यन्त संवेदनशील प्रभाव से वंचित रह जाना है। मीडिया, ख़ासकर पत्रकारिता, सिनेमा, टी.वी. आदि के विकास के साथ भाषायी स्तर पर हिन्दी की स्वीकृति बढ़ी है–इस भाषा पर साहित्यिक भाषा का प्रच्छन्न असर भी स्पष्ट है–पर मीडिया के वापसी-प्रभाव ने जहाँ साहित्य की भाषा को अधिक लचीला बनाया है, वहीं सामाजिक-सांस्कृतिक दृष्टि से उसे अक्सर अनाश्वस्त भी किया है।

हिन्दी साहित्य-समीक्षा के अन्दर भी एक विभाजन-सा दिखाई देता है। वैचारिक मतभेदों का पैदा होना अस्वाभाविक नहीं, न ही अवांछनीय, पर उन मतभेदों के बने ही रहने का मतलब है गतिरोध की एक ऐसी संकुचित अवस्था जिससे हम बाहर नहीं निकल पा रहे; यानी, चिन्तन के ऐसे नए विकल्प नहीं ढूँढ़ पा रहे जिसमें नई सम्भावनाएँ दिखाई दें। घूम-फिरकर वहीं पहुँच जाते जहाँ से शुरू करते। कभी साहित्य के 'कला-पक्ष' और 'सामाजिक पक्ष' को विरोधी मानकर अथवा 'रूप' और 'कथ्य', 'व्यक्ति' और 'समाज' को प्रतिद्वन्द्वी मानकर, जो बहसें शुरू हुईं आज तक वही बहसें चल रही हैं। उनका कोई निराकरण निकालने की बजाय उनके बीच की खाई ही और पक्की होती गई। समीक्षा की यह बुनियादी ज़रूरत है कि वह एक रचना को विश्लेषणात्मक ढंग से सोचे, जबकि एक रचनाकार की यह बुनियादी ज़रूरत है कि वह जीवन को संश्लिष्ट और समावेशी ढंग से सोचे–उसकी विविधता में भी, और उसकी अखंडता में भी। विश्लेषण का अर्थ अनिवार्यतः विभाजन नहीं, एक रचना या कृति को बेहतर और कई दृष्टियों से सोचने-समझने की कोशिश है। जहाँ भी समीक्षात्मक विवेक इस ओर सचेत दीखता है उसमें एक ताज़गी और खुलेपन का सुखद एहसास होता है।

– साहित्य अकादेमी संवत्सर व्याख्यान (संख्या 14), फरवरी 2000

हिन्दी साहित्य में यूरेशियाई अनुभवों की झलक

(1)

आज हिन्दी में साहित्य लेखन का ढाँचा इतना विविध और विषम है कि उसे किसी एक अथवा कुछेक उदाहरणों या उक्तियों में समाहित तथा प्रस्तुत नहीं किया जा सकता। भारत अपने को कम से कम अट्ठाईस भिन्न भाषाओं में अभिव्यक्त करता है जिनमें अंग्रेज़ी और हिन्दी भी शामिल हैं। हिन्दी तेज़ी से बड़ी विश्व-भाषा बनती जा रही है। फिर भी दूसरी भाषाओं के साथ इसका सम्बन्ध वर्चस्व का नहीं वरन् स्पर्धा का है, ख़ासकर अंग्रेज़ी के साथ जिसे सामान्यजन की भाषा न होने पर भी एक विशेष उच्च स्थान हासिल है। जैसा कि दुनिया के अनेक दूसरे देशों में हुआ, भारत में भी अंग्रेज़ी शैक्षणिक, व्यावसायिक एवं प्रशासनिक तन्त्र का मज़बूत हिस्सा है। यदि अंग्रेज़ी की शक्ति इसके वैश्विक, आधुनिक और व्यावसायिक सन्दर्भों में निहित है तो हिन्दी अपनी शक्ति जन-भाषा के रूप में अपनी गहरी जड़ों से प्राप्त करती है।

आज का हिन्दी लेखन इस स्थिति में एक विभक्त निष्ठा का अनुभव करता है—औपनिवेशिक अतीत में जमे उच्चताबोध और परिवर्द्धन-आकांक्षी साधारणता के बीच तनाव। क्या ये दो परस्पर बेमेल अतियाँ हैं? अथवा इन दोनों के बीच कोई मध्य-मार्ग भी सम्भव है? क्या हिन्दी लेखन दोनों के प्रति सत्य रहते हुए भी अपनी वास्तविक पहचान या अस्मिता बनाए रख सकता है?

मेरे विचार से हिन्दी साहित्य और भाषा—उत्तर भारत की सबसे बड़ी भाषा—हमेशा से इस द्वन्द्व को झेलती रही है, आक्रान्ताओं, विजेताओं, राजाओं और बाहरी बाशिन्दों के इस क्षेत्र में, जो मध्यपूर्व और मध्य एशिया के सबसे क़रीब पड़ता है, निरन्तर आगमन के रास्ते में पड़ने के कारण। विदेशी लोग दूसरे देश में बस जाने के बाद लम्बे समय तक विदेशी रह भी नहीं जाते, हालाँकि अपनी

वंश-परम्परा, संस्कृतियों, विश्वासों, जीवन-शैलियों और जातीयता के अवशेषों को बचाए रखते हैं।

हिन्दी भाषा की कुलपरम्परा जटिल है जो प्राचीन संस्कृत, पाली, प्राकृत, अपभ्रंश आदि से होते हुए बाद की सातवीं शताब्दी में इस्लाम के आगमन के साथ अरबी, फ़ारसी तथा तुर्की प्रभावों को भी आत्मसात् करती है।

दिल्ली और उत्तर प्रदेश में बोली जानेवाली बोलियों के ज़रिए एशियाई भाषाओं ने अपना रास्ता बनाया और जुड़वाँ भाषाओं के रूप में विकसित हुईं जिन्हें हिन्दी तथा उर्दू कहा गया। ये दोनों साथ-साथ बढ़ीं, बहन-भाषाओं की तरह। हिन्दी-उर्दू सम्बन्ध की प्रकृति में ही एक प्रकार का बहुसंस्कृतिवाद निहित है : दोनों को अलग करने की कोशिश राजनीतिक कारणों से अधिक हुई है, न कि सांस्कृतिक या साहित्यिक ज़रूरतों से।

क्या हिन्दी भाषा की यह पृष्ठभूमि इसके साहित्य के लिए समस्यात्मक है? एक अनुदार दृष्टि का मानना है कि ऐसा है : यह सुदूर संस्कृत अतीत की ओर मुड़कर देखती है और उसे ही आदर्श मानती है, और बाद के परिवर्तनों को मूल से भ्रष्ट होना मानती है। इस शुद्धतावादी विश्वास का इस्तेमाल कई बार उन जातीय समूहों के बीच विभेद की राजनीति को प्रेरित करने के लिए किया जाता है जो भारत में सदियों से एक साथ रहते आए हैं। इतिहास का यह एकांगी दृष्टिकोण प्रायः वहशी साम्प्रदायिक हिंसा की ओर ले गया है। विस्तृत और सार्वभौम मानवीय चिन्ताओं से संकीर्ण पक्षपातपूर्ण राजनीति की ओर विचलन एक विश्व-समस्या भी है जो घृणा, हिंसा, आतंकवाद एवं युद्धों की तह में है।

यह समझना आवश्यक है कि साहित्य-संस्कृतियों के लिए पूरी दुनिया में विभिन्नताएँ एवं बहुलता समस्यात्मक नहीं हैं : इसके विपरीत, वे कलात्मक सृजन के लिए समृद्ध स्रोत हैं। इतिहास के सर्वाधिक बर्बर एवं चिन्ताजनक काल-खंड में भी हम देख सकते हैं कि महान् विचारों और कला-सृजन की अन्तःसलिला निरन्तर जीवन्त एवं चुपचाप सक्रिय रही है। सबसे विपरीत समय में भी वे मरती नहीं, बल्कि भूमिगत हो जाती हैं या निर्वासन में चली जाती हैं और उचित समय पर पुनः प्रगट हो जाती हैं। इसी तरीके से प्रकृति के सर्वाधिक नाज़ुक जीवों ने लाखों वर्षों तक अपने को जीवित एवं सुरक्षित रखा। हिन्दी लेखन कठिन विकल्पों तथा दुष्कर चुनौतियों का सामना करता रहा है और अभी भी कर रहा है। दूसरी महान् शक्ति इसकी सहिष्णु क्षमता है, बाह्य प्रभावों के प्रतिरोध की बनिस्बत उन्हें संशोधित करने एवं अपने में जज़्ब करने की क्षमता। मेरा मानना है कि महान्

विचार, साहित्य एवं कलाएँ—परिवर्तनशीलता के कारण प्रगति करती हैं, न कि किसी कठोर जकड़बन्दी से।

प्राक्ऐतिहासिक काल से लेकर औपनिवेशिक एवं उत्तर-औपनिवेशिक दिवसों तक भारत का इतिहास आक्रान्ताओं, आततायियों, युद्धों, हिंसा तथा रक्तपात के अनुभवों से भरा है। आश्चर्य की बात यह है कि इसने अपने साहित्य एवं संस्कृति-लेखन में अहिंसा, शान्ति तथा आध्यात्मिक बोध की स्मृतियाँ भी उतनी ही शक्ति से या सम्भवतः अधिक शक्ति से, बचाकर रखी हैं। बहुत कुछ इस पर निर्भर है कि हम मानव इतिहास को किस प्रकार 'पढ़ते' या व्याख्यायित करते हैं? भारतीय आध्यात्मिक ज्ञान का एक महान् ग्रन्थ 'भगवद्गीता' रक्तरंजित रण-भूमि पर उचारा गया—यह एक ऐसी घटना है जिसे मैं बृहत्तर मानव-इतिहास के सन्दर्भ में पढ़ने का लोभ संवरण नहीं कर सकता : युद्ध और विनाश क्षणभंगुर हैं, लेकिन शान्ति और सृजनशीलता आत्मा और सद्बुद्धि की ऐसी आवाज़ है जो कभी नहीं मरती।

मैं यहाँ दो परस्पर भिन्न ऐतिहासिक घटनाओं का स्मरण करूँगा जिनका महान् सांस्कृतिक अवदान रहा है—एक तो हेलेनिज़्म (यूनानी संस्कृति) और दूसरी, भारत के सन्दर्भ में, अमीर-खुसरो के भाषागत प्रयोग। अमीर खुसरो (1253-1325) खिलज़ी बादशाहों के दरबार में रहे। जैसा कि सब जानते हैं, खुसरो ने हिन्दी में एक साहसिक प्रयोग शुरू किया और क्लैसिकल फ़ारसी में स्थानीय बोलियों को फेंटकर एक तरह का मिश्रण तैयार किया जो आगे चलकर हिन्दी, हिन्दवी या उर्दू कहलाईं, जो आज भारत तथा पाकिस्तान की भाषाएँ हैं। खुसरो अत्यन्त प्रतिभाशाली कवि, संगीतकार, विद्वान और इतिहासकार थे। संगीत में भी ऐसी ही प्रयोगशीलता ने उस संगीत को जन्म दिया जिसे आज क्लैसिकल (शास्त्रीय) हिन्दुस्तानी संगीत कहा जाता है। खुसरो सूफ़ी थे और उनके गीत आज भी भारत में गाये जाते हैं। अजीब विरोधाभास है कि वह भारतीय इतिहास के सर्वाधिक उपद्रवग्रस्त, हिंस्र और उथल-पुथल भरे दौर में रहे। अपने दीर्घ जीवन-काल में उन्होंने देहली के तख़्त पर ग्यारह बादशाहों को बैठते और उतरते देखा और ख़ुद भी आक्रान्ता मंगोलों की ख़ूनी क़ैद से किसी-किसी तरह बच निकले। इन विपरीत परिस्थितियों के बावजूद उन्होंने भारतीय भाषा, साहित्य और संस्कृति पर बेहद गहरी और संवेदनशील छाप छोड़ी। दरबारी राजनीति के रक्तपात भरे संसार में उनके जीने और बचने से भी ज़्यादा आश्चर्यजनक है यह घटना। उनका उदाहरण दिखलाता है कि कला और संस्कृति की जड़ें मानव-स्वभाव की मिट्टी में हैं, न कि रोज़ बदल रही राजनीतिक या नस्ली पहचानों में।

ऐसा प्रतीत होता है कि इस्लाम के उदय के साथ मध्य पूर्व और मध्य एशिया के देश भारत के क़रीब आए। लेकिन यदि हम प्राचीन भारतीय इतिहास पर ग़ौर करें तो पाते हैं कि बौद्ध और बौद्ध-पूर्व अवधि में भी वे भारत के साथ जीवन्त सम्पर्क में थे जब डेरियस महान् का विशाल शासन भूमध्य-क्षेत्र से पंजाब में सिन्धु नदी तक फैला था और उसकी प्रजा यूनानी तथा भारतीय दोनों थे। फ़ीनिशियंस तो 10वीं शताब्दी ईसा पूर्व से ही सिन्ध तथा लाल सागर होते हुए भारत से व्यापार करते थे। इस बात के प्रमाण हैं कि भारत और भूमध्य के क्षेत्र के बीच न केवल व्यापार और वाणिज्य फल-फूल रहा था, बल्कि दार्शनिक, कलात्मक एवं सांस्कृतिक सम्बन्ध भी उस बौद्धिक रूप से उर्वर क्षेत्र में पनप रहा था। जब सिकन्दर ने ईसा पूर्व 331 में अलेक्जेंड्रिया नगर की स्थापना की तब कोई सोच भी नहीं सकता था कि डेरियस पर विजय के उत्सव से कहीं अधिक यह नगर ज्ञान और विद्वता के क्षेत्रों में महान् क्रान्ति का केन्द्र बनेगा। अलेक्जेंड्रिया पुस्तकालय और म्यूजियम, जो आधुनिक विश्वविद्यालय का समतुल्य है, की स्थापना की घोषणा टॉलमी ने ईसा पूर्व 307 में की थी। आनेवाले वर्षों में इसने दुनिया भर से विद्वानों और दार्शनिकों को आकर्षित किया जिनमें भारत के विचारक और विद्वान भी थे। अपने आप में एक अनूठा संस्थान होने के अलावा इस पुस्तकालय ने एक ऐसी परम्परा का आरम्भ किया जो युगों-युगों तक प्रवहमान रही। जब लगभग 642 ईस्वी में अलेक्जेंड्रिया का महत्त्व खत्म हो गया तब भी यह परम्परा अरब जगत में चलती रही और ज्ञान के केन्द्र बग़दाद, काहिरा तथा कोरदोवा आदि नगर बने। मंगोलों द्वारा 1258 ईस्वी में बग़दाद के विनाश के बाद यूनानी और हिन्द व्यापारियों का भारत तथा यूरोप के बीच का सर्वाधिक लम्बा व्यापार-मार्ग अपना महत्त्व खो बैठा। इसके पूर्व भूमध्य क्षेत्र में बौद्ध दर्शन एवं भारतीय दर्शन-परम्पराओं की जीवन्त उपस्थिति महत्त्वपूर्ण है। पाठ्यपुस्तकें बताती हैं कि 326 ईसा पूर्व में सिकन्दर ने भारत पर आक्रमण किया और 305 ईसा पूर्व में चन्द्रगुप्त मौर्य ने सेल्युकस को हराया। भारत-यूनान के सौहार्दपूर्ण सम्बन्ध अशोक के काल तक (272/3-232 ईसा पूर्व) बने रहे—यह घटना कलिंग युद्ध के वहशी रक्तपात के कटु अनुभवों के बाद एक पश्चातापी सम्राट द्वारा सम्पूर्ण विश्व में शान्ति और अहिंसा को सुरक्षित रखने के महान् प्रयत्नों को रेखांकित करती है।

बौद्ध दर्शन के दीर्घ इतिहास में भारत-यूरेशिया सम्बन्धों के उस पक्ष को भी पढ़ा जा सकता है जहाँ अहिंसा और करुणा केन्द्रीय सन्देश हैं। इस सन्देश को मैं कुछ अधिक ही बलपूर्वक साहित्य, कला तथा दर्शनों में पढ़ना चाहता हूँ जो

मानव संस्कृति का अभिन्न अंग होना चाहिए। हमारे समय में गांधी ने निर्मम और शोषक साम्राज्यवाद के विरुद्ध दृढ़ आवाज़ उठाने का साहस किया और विजयी हुए। दुनिया के सभी महान् धर्मों में हम इस सन्देश को अन्तर्निहित देखते हैं और मनुष्य के सर्वोच्च सृजनात्मक प्रयत्नों में भी।

जब मैं भारत-यूरेशियाई अतीत के बारे में सोचता हूँ तो एक बिम्ब कौंधता है : एशियाई निर्जनता के विराट् विस्तार से रेशम-मार्ग होकर व्यापारियों का कारवाँ धीरे-धीरे बढ़ा जा रहा है, मनुष्य और प्रकृति की क्रूरताओं को सहते हुए–और उन्हीं के साथ चले जा रहे हैं कुछ सन्त, भिक्षु, विचारक, विद्वान्, कलाकार, अनुवादक, कवि इत्यादि, अपनी जान हथेली पर लिये। रहस्यमय गन्तव्यों से बँधी उनकी नियति। उनमें से अनेक तो रास्ते में ही गुज़र गए, लेकिन जो बचे उन्होंने मनुष्य की सहनशीलता, बुद्धि और अच्छाई में अन्यतम विश्वास के बहुमूल्य दस्तावेज़ छोड़े हैं। यही बिम्ब मुझे लिखने में मदद करता है, और दूसरों के साथ मेरे सम्बन्धों में भी। इस बिम्ब में मैं कवि-मस्तिष्क का एक धुँधला-सा सादृश्य पाता हूँ–घर में निर्वासन, निर्वासन में भी घर।

– मेडिटरेनिआ फ़ेस्टिवल (Mediterranea Festival) के अवसर पर आयोजित सेमिनार में दिए गए वक्तव्य का सार-संक्षेप, रोम, 2006

(2)

यह मेरे लिए सुखद आश्चर्य था कि 2006 का प्रतिष्ठित 'प्रीमीओ फ़ेरोनिआ' पुरस्कार मुझे दिया गया है। आश्चर्य इसलिए भी हुआ कि मेरी, हिन्दी में लिखनेवाले एक भारतीय लेखक की, रचनाएँ प्रायः अन-अनुवादित और यूरोप में बहुत कम ज्ञात रही हैं, हालांकि मेरी दो सर्वाधिक चर्चित कृतियों के अच्छे इतालवी अनुवाद उपलब्ध हैं और एक तीसरी पुस्तक भी, जो मेरी चुनी हुई कविताओं का इतालवी अनुवाद है, इसी उत्सव के दौरान प्रकाशित हुई है। मुझे प्रसन्नता है कि पश्चिम में मेरे अनुवादों को लाने का आरम्भ इटली से हुआ–इस कारण इस देश के साथ दूसरे लोगों और साहित्य के साथ मेरा स्नेह-बंध और भी सुदृढ़ हुआ है।

मुझे इस बात की विशेष प्रसन्नता है कि यह पुरस्कार भौगोलिक और राजनीतिक सीमाओं के पार जाकर कविता को स्वागतयोग्य साहित्यिक आचार

का दूत बनाता है। मेरे लिए यह पुरस्कार केवल निजी पहचान का माध्यम नहीं, बल्कि इससे कहीं अधिक अर्थवान है। सर्वोपरि तो यह कविता के प्रति और पूरी दुनिया के कविता-प्रेमियों के प्रति श्रद्धा-निवेदन है। जब मुझे इस उत्सव में सम्मिलित होने एवं कविता पढ़ने का आमन्त्रण मिला तब तक मुझे कोई भान नहीं था कि यह उत्सव कैसा होता है। लेकिन जब कुछ और ब्यौरे मुझ तक पहुँचे तब दो बातें स्पष्ट रूप से सामने आईं : पहली तो यह कि 'एलेगोरीन' (Allegorein) संस्था साहित्य और कला के मूल्य को समझती है, जो कि इसके पुरस्कारों की चयन प्रक्रिया तथा तर्कपद्धति में भी झलकता है; और दूसरी बात कि यह पूरे विश्व में युद्ध, आतंकवाद, हिंसा तथा शोषण की विरोधी है। ये वे आदर्श हैं जिनका हर नेक व्यक्ति और साहित्य पूरी तरह से समर्थन करता है।

जहाँ तक कविता की बात है, कविता के जीवन से सम्बन्धित कुछ अपरिहार्य प्रश्न सामने आते हैं क्योंकि कविता का कोई 'बाज़ार' नहीं है। कई बार मेरा साबिका एक अजीब सवाल से पड़ता है : 'क्या आपकी कविता बिकती है?' और मुझे यह स्वीकार करने में कोई शर्म नहीं आती कि यह नहीं बिकती। मेरा पक्का विश्वास है कि यदि किसी के मन में आर्थिक लाभ की बात हो तो कविता लिखना बेहद बुरा निवेश होगा। मैं कविता केवल इसलिए लिखता हूँ कि मुझे इससे सुख मिलता है, जब यह सहज स्वभाव से मेरे पास आती है, मुझे विवश करती है। यह बात कि मनुष्य के सर्वोत्तम सृजन में से कुछ अ-मूल्य हैं और उन पर मूल्य की कोई चिप्पी नहीं लगी है, मुझे धुँधला-सा विश्वास देता है कि कविता का जीवन न तो बाज़ारों पर निर्भर है, न किसी प्रकार के संरक्षण पर, बल्कि स्वयं कविता की जीवन-इच्छा पर है। राजनीतिक विवशताओं तथा मनोरंजन उद्योग से परिचालित इस विश्व में आज इस उम्मीद और सन्देश के साथ मैं यहाँ आया हूँ कि कविता वस्तु नहीं है बल्कि मानव-स्वभाव का अनिवार्य अंश है जो सौन्दर्यात्मक, नैतिक तथा आध्यात्मिक संवेदों में अपने को व्यक्त करता है। कविता ने कठिन समय देखे हैं, फिर भी चाहे जैसे भी साहस और जीवन की इच्छा बनाए रखी। द्वितीय विश्वयुद्ध के दौरान और उसके बाद विश्वभर में अनेक युद्धों तथा उथल-पुथल के दौरान जब कभी लगा कि कविता लगभग लुप्त हो गई है, यह भूमिगत रहकर या निर्वासन में भी जीवित रही। अस्तित्व के लिए इसके संघर्ष में कुछ वंशानुगत विकासवान है। कविता हम लोगों में उस शान्त प्रतिरोध और नमनीयता को पुकारती है जो तूफ़ान के गुज़रने तक झुक तो सकती है पर कभी उम्मीद नहीं छोड़ती। इसकी शक्ति इसकी नमनीयता

में निहित है और इसकी आश्वस्ति आध्यात्मिकता में। औपनिवेशिक साम्राज्यवाद के विरुद्ध गांधी के अहिंसक संघर्ष में मैंने इस बल को कार्यरत देखा है। और मैं भी जो लिखता हूँ वह प्रायः उसी बल को भीतर-भीतर पाने की कोशिश है जो मनुष्य के नैतिक और आध्यात्मिक स्वभाव में निवास करता है, न कि उसकी पेशियों में।

इस अवसर पर जब रोम में भूमध्य क्षेत्र, यूरोप तथा सुदूरपूर्व के अनेक प्रतिनिधि एकत्र हैं तब कविता के बारे में बात करने का मेरे लिए विशेष अर्थ है। शायद अधिकांश देशों में कविता के सामने जो संकट है वह केवल उसके बचे रहने का नहीं है बल्कि राजनीति, समाज और लोगों के निजी जीवन में इसकी भूमिका को लेकर भी है। जब कभी मनुष्य के इन सरोकारों के किसी क्षेत्र-विशेष को लेकर प्रश्न किए जाते हैं तो यह व्यर्थ ही जटिल बन जाता है। मेरी समझ से कविता इन सभी क्षेत्रों से सम्बन्ध रख सकती है, प्रत्यक्षतः या परोक्षतः लेकिन किसी एक क्षेत्र द्वारा पूर्णतः आयत्त नहीं की जा सकती, नहीं तो इसकी स्वाधीनता तथा इसकी व्याप्ति चाहे थोड़ा ही सही, कम हो जाएगी। मुझे अक्सर लगता है कि बहु-सन्दर्भिता कविता के लिए कोई समस्या नहीं है : वास्तविक गतिरोध तो वस्तुओं से ठसी हुई प्रकृति और मनुष्य के शोषण से त्रस्त संसार में व्यक्तिगत स्वाधीनता के अवकाश का निरन्तर सिकुड़ते जाना है। कविता की प्रासंगिता—और साहित्य मात्र की प्रासंगिकता—मेरी समझ से समाज तथा मानव जाति पर इसकी संवेदनशील तथा पूर्वग्रह रहित चौकसी में है और इस चौकसी को कर पाने की पूर्ण आन्तरिक आज़ादी में है। ऐसे अवसरों पर जब कभी साहित्य समर्पण कर देता है या समर्पण करने को बाध्य किया जाता है तब अधीनता से इसकी स्वाधीनता और यह शक्ति क्षतिग्रस्त होती है। तब यह लोगों के बृहत्तर कल्याण के लिए कार्य करने में असमर्थ हो जाती है और यह काम मुख्यतः जन साधारण में दमनकारी सत्ता और अन्यायपूर्ण व्यवस्था के विरुद्ध चेतना और प्रतिरोध को जगाना है।

मेरे लिए यह सम्पूर्ण भूमध्य क्षेत्र, और विशेषकर इटली, मनुष्यता को प्राप्त दो महानतम सांस्कृतिक वरदानों का प्रतीक है—हेलेनिज़्म (यूनानीवाद) तथा रेनेसांस (पुनर्जागरण)। यदि हेलेनिज़्म का अर्थ है पूर्व और पश्चिम की निकटता, तो रेनेसांस प्रतीक है उस मानववाद का जो समस्त श्रेष्ठ साहित्य और कलाओं को सिंचित करता है। शताब्दियों पहले इस क्षेत्र में जो हो रहा था वह एक लघु वैश्विक क्रान्ति थी, बहुत कुछ उसी तरह की जो आज बृहत्तर पैमाने पर व्यापार और वाणिज्य तथा विचारों एवं साहित्य में देखने में आ रही है।

इटली तथा इतालवी साहित्य और कलाओं से मेरा प्रेम नया नहीं है। मैंने कॉलेज के दिनों में दांते और पेट्राक को पढ़ा और टर्ज़ा रीमा (terza rima) तथा सॉनेट के रूपाकारों से आकर्षित हुआ। बाद को उंगारेत्ती, मोंताले, काज़ीमोदो, साबा तथा पावीज़े आधुनिक धारा के कुछ सर्वाधिक सुन्दर फलों की तरह मेरे साथ रहे हैं। मेरा यहाँ होना अनपहचानी भूमि पर होना नहीं है। हमारे दो देशों के अतीत और वर्तमान की समरूपताएँ मानव इतिहास को एक विलक्षण सांस्कृतिक बोध से परिभाषित करती हैं।

— 'प्रीमिओ फ़ेरोनिआ' (Premio Feronia) सम्मान-अर्पण समारोह के पश्चात् धन्यवाद के शब्द, रोम, 2006

अंग्रेज़ी में पढ़े गए दो आलेख (अनुवादः अरुण कमल)

विविधताओं का सह-अस्तित्व

आज के समय में हिन्दी साहित्य के लिए, ख़ासकर कविता के लिए, सम्मानित होना मन में कई तरह के सवाल उठाता है। 'शलाका सम्मान' दिल्ली राज्य द्वारा संस्थापित हिन्दी अकादमी का सर्वोच्च सम्मान है। पिछले दस वर्षों से भी अधिक समय से मैं दिल्ली में रह रहा हूँ, लेकिन मेरा अधिकांश जीवन लखनऊ में, और शुरुआती जीवन अयोध्या-फ़ैज़ाबाद में, बीता है। मेरे लेखन की पृष्ठभूमि में उस क्षेत्र के जीवन, भाषा और संस्कृति की अनेक झलकें मौजूद हैं। उस स्थानिकता से परे भी एक भारत है–दिल्ली जिसकी राजधानी है। इसी तरह मेरे समय से परे भी एक और समय है जिससे भारतीयता की एक बृहत्तर पहचान और वैश्विक सन्दर्भ बनता है। एक कवि और लेखक की हैसियत से मैं अपने को इसी विशालतम दुनिया का नागरिक मानता हूँ। इस नाते मेरे लिए दुनिया के किसी भी देश का साहित्य, सोच-विचार और कलाएँ परायी नहीं। साहित्य और कलाओं के साथ यह व्यापक जुड़ाव मेरी वैश्विक नागरिकता को बल देता है। साहित्य की सार्थकता को दुनिया के इतिहास में मैं कुछ इसी तरह देखता हूँ कि वह हमारे 'जगह' और 'समय' के बोध को इस तरह विस्तृत करे कि हम इस पृथ्वी पर सबके साथ मिलकर एक सुसभ्य, सहिष्णु और सुसंस्कृत जीवन जी सकें। प्रकृति, जिस पर हम सबका जीवन निर्भर है, हमारी सहभागी और मित्र हो, हम उसके शोषक और जान के दुश्मन न बन जाएँ। भारतीयता के सबसे सुन्दर अर्थ को मैं इसी आश्चर्य में पढ़ता हूँ कि हज़ारों वर्षों में हज़ारों जातियाँ भारत में आईं, बसीं और बिलकुल अपनी-अपनी तरह भारतीय हो गईं! सारे परिवर्तनों के बावजूद उनकी अपनी विशिष्टताएँ बिलकुल अपनी तरह विकसित हो सकीं, एक ऐसे 'भारत' में जो दुनिया में इस वैविध्य के सह-अस्तित्व की एक अनूठी मिसाल रहा है। मेरे लिए इस सम्पन्नता का भागीदार होना सौभाग्य और गौरव की बात है। इस सम्पदा को किसी भी स्तर पर जब भ्रष्ट या नष्ट होते देखता हूँ तो क्लेश

होता है। मेरी कविताएँ एक ओर अगर इस समृद्धि का उत्सव हैं तो दूसरी ओर इनके विनष्ट किए जाने की मर्माहत साक्षी भी।

हम लौट कर अतीत में नहीं जा सकते, लेकिन अपने इतिहास-बोध को इस तरह भी सोचना समझना ज़रूरी है कि उसका मतलब केवल संघर्ष, हमले और लड़ाइयाँ नहीं हैं, एक बहुत बड़ी और मूल्यवान सांस्कृतिक विरासत भी है जिसे सारी बर्बरताओं के बावजूद बचाए रख पाना एक बहुत बड़े साहस और पुरुषार्थ का काम है। मैंने इसी विनम्र सच्चाई के पक्ष में जीना और लिखना पसन्द किया है। इस प्रयास को अगर किसी भी रूप में मान्यता मिलती है तो लिखना मुझे सार्थक लगता है।

– शलाका सम्मान के अवसर पर, 2006

कला जटिल होती है

किसी भी कला का जीवन अपने में अकेला होते हुए भी सन्दर्भ-बहुल भी होता है।

× × ×

कलाओं को आमतौर पर मैंने मनुष्य की मानसिक, जैविक ऊर्जा की रचनात्मक क्षमता के अर्थ में पहचानना सार्थक पाया है। यह ऊर्जा शान्त भी हो सकती है और उतावली भी; उद्दाम भी हो सकती है और संयमित (अनुशासित) भी; उसके रंगों और भावों में प्रशान्त गहराइयाँ और स्थिरता भी हो सकती है, और बेचैन कर देनेवाली उथल-पुथल भी।

इस बात को पृष्ठभूमि में रखकर आगे कलाओं के अन्तर्सम्बन्धों पर कुछ टिप्पणियाँ दे रहा हूँ। उन्हें बहुत व्यवस्थित ढंग से न रखकर किंचित बिखेरकर अपनी बात कह रहा हूँ। शायद इस बिखराव में भी कलाओं की प्रकृति के एक पक्ष को आसानी से ग्रहण किया जा सकता है।

× × ×

प्रश्नोपनिषद्, 4/9 में 'विज्ञानात्मा पुरुष' का जिक्र है। कौन है वह विज्ञानात्मा पुरुष?

एष हि द्रष्टा स्प्रष्टा श्रोता घ्राता रसयिता मन्ता बोद्धा
कर्ता विज्ञानात्मा पुरुषः स परेऽक्षर आत्मनि संप्रतिष्ठते।।

यानी, वही जो देखता है, स्पर्श करता है, सुनता है, सूँघता है, रसयिता (चखता) है, आस्वादक है, सलाहकार (राय देनेवाला) है, जानकार है, कर्ता है–वही सर्वज्ञाता चेतन तत्त्व।

× × ×

विविधता में एकता और एकता में विविधता देखनेवाला जीवन दर्शन शायद कलाओं के दर्शन के भी मूल में है :

नित्यो नित्यानां चेतनश्चेतनानामेको बहूनां यो विदधाति कामान्।

– श्वेताश्वतरोपनिषद्, 6/13

मूलतः यही कलादृष्टि है—और इसी में विभिन्न कलाओं के अन्तर्सम्बन्धों की जड़े हैं। हर कला का अपना अलग एकान्त और एकाग्रता का तरीका होता है, लेकिन उसकी रचना सन्दर्भ-बहुल होती है। वह अपनी दुनिया के माध्यम से दूसरों की दुनिया से भी जुड़ी रहती है। शायद एक कला की सबसे सूक्ष्म और व्यापक शक्ति को हम उसके इस जुड़ाव में पहचान सकते हैं। वह कितनी भी एकान्तिक और उदासीन प्रतीत हो, पर कहीं-न-कहीं उसमें जीवन के विविध रंगों की छटा बोलती है :

ग़मे-हस्ती का असद किससे हो जुज़मर्ग इलाज
शमअ हर रंग में जलती है सहर होने तक

—ग़ालिब

× × ×

श्रेष्ठ कलाओं में अन्तर्विरोध नहीं होते, विभिन्नताओं का समन्वय और सहअस्तित्व होता है। हर रंग का अपना अलगपन भी होता है और सब रंगों के साथ एक विशिष्ट संयोग भी। उसका मूल तत्त्व तरतीब, वर्ग और अनुक्रम से निर्धारित नहीं होता, बल्कि अपने से सर्वथा भिन्न के साथ भी सामंजस्य बैठाकर जी सकने में होता है।

× × ×

मैं हर कला को प्रमुखतः एक जटिल संरचना के रूप में देखता हूँ। उसका उस रूप में होना बहुत कुछ वैसा ही है जैसा कि जीवन या प्रकृति का एक सरल जीवांश से विकसित होकर इतनी बड़ी सृष्टि में बन जाना रहा होगा। हम इस जटिल संरचना को विश्लेषित करके बहुत सरल या बुनियादी नियमावली में नहीं रख सकते। उसे उसकी सम्पूर्ण जटिलता, रहस्यमयता और लगभग अ-सोच में उसी तरह स्वीकार करके मान्यता देनी होगी। सबसे पहले यह मानकर चलना होगा कि एक रचना में अन्तर्विरोध नहीं होते, अन्तर्सम्बन्ध होते हैं। उनकी गति बहुत योजनाबद्ध नहीं होती, काफ़ी हद तक साहसिक होती है। इन सम्बन्धों के बीच झगड़ा डाला जा सकता है, पर एक सही रचना में झगड़े की नहीं, सन्तोष की प्रतीति होती है। उदात्त आश्चर्य होता है कि इतने विभिन्न अवयव भी आपस में जुड़कर कैसे इतनी बड़ी कला में परिणत हो सके।

हम उनके इतिहास को, उनके अतीत को, उनके संघर्षों को जान तो सकते हैं पर उनमें वापस नहीं जा सकते। उनका बहुत कुछ हमारे साथ-साथ हमारे वर्तमान में भी चला आया है, पर सावधानी ज़रूरी है कि हम उसे ही ग्रहण करें जो हमारे वर्तमान जीवन को पुष्ट करे, उसे कमज़ोर नहीं। क्या कलाओं के जीवन से हमें कोई संकेत मिलते हैं, या मिल सकते हैं अगर उनके अन्तर्सम्बन्धों को हम

ठीक से पढ़ें? कि स्वयम् उनकी भीतरी रचना का वैविध्य संयोग कैसे सम्भव होता है, और कैसे अन्य कलाओं के संसार में उनका साहचर्य घटित हो पाता है।

× × ×

सिनेमा और संगीत मेरे दो बहुत पुराने शौक़ रहे हैं और आज भी जिस तरह उनके साथ एक घनिष्ठता अनुभव कर पाता हूँ वैसी हर कला के साथ नहीं।

संगीत को अक्सर हम जाने या अनजाने उसकी लय, ताल, समस्वर, तान, आरोह-अवरोह, वादी-प्रतिवादी, राग वग़ैरह की पदावली में जानते-सुनते रहे हैं। मुझे संगीत व्याकरण के ये पद प्रेरक लगते हैं। इनमें कवित्व है और जीवन वैभव का सहज आभास भी। संगीत से ही जुड़ा एक सुपरिचित शब्द है संगत—विभिन्न वाद्यों का मूल गायकी के साथ योग। मुझे हमेशा ऐसा लगा कि मानों एक जीवन राग में बँधी अनेक ध्वनियों का सरस सामंजस्य, जिसमें केवल सजीव गायक ही नहीं, निर्जीव वाद्य तक जी उठते हैं। ध्वनियों का यह संसार हमें आकृष्ट करता है क्योंकि उसमें विविधता है और सन्तुलन भी, और दोनों ही अत्यन्त सधे ढंग से विस्तृत होते हुए निष्पत्ति तक पहुँचते हैं। संगीत का एक और पक्ष है जिसे मैं बिलकुल अपनी तरह व्याख्यायित करता हूँ। साधारणतः एक राग विलम्बित में आलाप से शुरू होकर द्रुत से होता हुआ समापन तक पहुँचता है—या अन्त में विलय होता है। जीवन की गति इससे उलटी होती है। तीव्र अथवा द्रुत चंचल से शुरू होकर वह क्रमशः एक समापन या अन्त में ठहर जाती है। संगीत से हमें जो एक राहत-सी मिलती है उसके मूल में हो सकता है कहीं यह व्यतिक्रम अथवा विपर्यय भी एक कारण हो जो जीवन-ऊर्जा का एक बढ़त के रूप में एहसास कराता है—उत्कर्ष के चरम पर उसे ठहरा देता है न कि अपकर्ष में उसे समाप्त करता है। शाब्दिक कलाओं में—ख़ासकर कविता में—जीवनवस्तु को अक्सर हम तरंगों में जीते हैं, उसके तीव्रतम (स्मरणीय) क्षणों में, न कि कालक्रमानुसार विलम्बित में। यह कहीं हमारी जीवन-ऊर्जा को जगाये रखने की एक युक्ति भी है।

किसी अन्य कला को लेकर एक रचनाकार की नितान्त निजी ढंग की प्रतिक्रियाओं का भी आनुषांगिक महत्त्व होता है—ख़ासकर उसकी अपनी रचना-धर्मिता में। एक संगीत को सुनते हुए, अथवा एक चित्र या फ़िल्म को देखते हुए, उसके अन्दर सामान्य से बिलकुल अलग तरह के भाव या विचार उठ सकते हैं। लिओनार्दो द विंची ने जब जाकोन्दा को संगीत सुनते हुए 'देखा' उस समय द विंची के चित्रकार—मन पर संगीत का सीधा प्रभाव न पड़कर, उसी संगीत को सुनती हुई जाकोन्दा के चेहरे पर जो भाव उसे 'दिखे' उनका प्रभाव पड़ा। तात्पर्य यह कि जब एक रचनाकार अन्य कलाओं से प्रेरणा पाता है तो उसकी व्याख्या

में उसकी अपनी रचनाशीलता की ज़रूरतें प्रमुख होती हैं, और अन्य कलाएँ या कला वस्तुएँ भी उसके लिए उस कच्चे माल की तरह होती हैं जिनका वह बिल्कुल अपनी तरह इस्तेमाल करने के लिए स्वतंत्र होता है।

'काव्य-मीमांसा' के रचयिता राजशेखर ने इस सामग्री को 'विरचना' कहा है और इसे भी मौलिक काव्य-रचना में एक जायज़ स्रोत माना है।

× × ×

यह स्मृतियों में वापस जाना, फ्लैश-बैक, उन्हें वर्तमान में वापस लाने से भिन्न बात है। एक पुराने राग का जीवित वर्तमान भी होता है। उसी तरह एक चित्र, एक चिन्तन, एक कविता का भी काल नहीं त्रिकाल होता है। उनकी गति सामान्य भौतिक इतिहास की गतियों की तरह नहीं होती। एक समय में उत्पन्न होने के बावजूद वे एक ही समय की नहीं होतीं, क्योंकि उनमें कहीं वह आत्मिक ऊर्जा स्पन्दित रहती है जो न तो भौतिक की तरह जीती है न भौतिक की तरह मरती है : वह एक रचना द्वारा एक समय से दूसरे में संक्रमित हो जाती है।

अपनी इतिहास-सम्बन्धी कविताओं में मैंने इतिहास में लौटने की उतनी कोशिश नहीं की है, जितनी उसके अवशेषों को आज के मनुष्य के मिज़ाज, आचरण, चेष्टाओं, महत्त्वाकांक्षाओं और ख़ासकर उसके भाषाई व्यवहार में पढ़ने की कोशिश की है। जो इतिहास हमारे शब्दों, कलाओं और गायकों द्वारा संक्रमित होता है वह स्थूल इतिहास की तरह क्षतिग्रस्त नहीं होता, उसके आत्मिक तत्त्व की तरह बचा रहता है। इस बचे रहने के सूक्ष्म अन्तर्सम्बन्धों को हम युगान्तर कलाओं में आसानी से पहचान सकते हैं।

कलाओं के अन्तर्सम्बन्ध कभी सीधे और कभी-कभी जटिल या प्रच्छन्न होते हैं। बहुधा कोई कलाकार जब एक से अधिक माध्यमों में काम करता है तो उसकी रचनाओं में एक सीधे रिश्ते को पहचानना आसान होता है, जैसे विलियम ब्लेक की कविताओं और चित्रों में रहस्यमूलक रोमैन्टिसिज़्म की मौजूदगी, या रोज़ेट्टी की कविताओं और चित्रों में 'प्री-रफेलाइट' प्रभाव या महादेवी वर्मा के चित्रों और कविताओं में छायावादी रोमैन्टिसिज़्म। माध्यमों की विभिन्नताओं के बावजूद एक समान ढंग की संवेदना और सोचने के ढंग की एकाग्रता उनकी शाब्दिक और चाक्षुष, दोनों तरह की रचनाओं में स्पष्ट देखी जा सकती है।

कभी-कभी ये सम्बन्ध जटिल और असरल होते हैं। फ्रेंच प्रतीकवादी कवि मलार्मे अपनी कविताओं में वागनर के संगीत का-सा प्रभाव उत्पन्न करना चाहता था। कहना मुश्किल है कि इसमें वह कहाँ तक सफल हो सका, पर निश्चय ही

उसकी इस कोशिश ने कविता में नई तरह की सम्भावनाओं के लिए अत्यन्त रचनात्मक प्रयोगों को प्रोत्साहित किया और आने वाली विश्व कविता पर प्रतीकवाद ने एक स्थायी प्रभाव छोड़ा है।

बीसवीं सदी में कलाओं के अन्तर्सम्बन्धों को लेकर जिस आन्दोलन की ओर ध्यान जाना स्वाभाविक है वह है 'सुर्रियलिज़्म या अति-यथार्थवाद'। बीसवीं सदी के शुरुआती दशकों में प्रभावी रहने वाले इस मूलतः फ्रेंच कला आन्दोलन के साथ आंद्रे ब्रेतों, सूपो, एलुआर, आरागों आदि कवियों/लेखकों के नाम ख़ासतौर पर जुड़े हुए हैं। इस आन्दोलन का प्रभाव कलाओं, कविता और सिनेमा पर ख़ासतौर पर रहा। चित्रकला में डाली और सिनेमा में बुनुएल की फ़िल्मों में सुर्रियलिज़्म का गहरा प्रभाव दिखाई देता है।

विभिन्न कलाओं पर सुर्रियलिज़्म के असर को बिम्बों के संयोजन की भाषा में समझना दिलचस्प होगा। फ्रायड के मनोविज्ञान का कलाओं पर दूरगामी असर पड़ रहा था, ख़ासकर उनके अर्द्धचेतन और अवचेतन के सिद्धान्त ने मनुष्य के चित्त में, सपनों में, बिम्बों की उस भाषा की ओर ध्यान आकृष्ट किया था जो चेतन के स्तर पर नितान्त अनर्गल लगते हुए भी अर्द्धचेतन और अवचेतन के स्तर पर गहरे आशयों से भरी होती है।

जिस तरह फ्रायड के विचारों ने विभिन्न कलाओं की रचनाशीलता को दूर तक जोड़ा और प्रभावित किया, उसी तरह हम देखते हैं कि डारविन के विकासवाद, आइन्स्टाइन की 'समय' और 'स्थान' सम्बन्धी अवधारणाओं और मार्क्स के आर्थिक और सामाजिक विचारों ने अगर एक स्तर पर हमारी जीवन दृष्टियों को बदला तो दूसरे स्तर पर हमारी कलाओं में सोच का वह मूलाधार बनाया जिसे हम विभिन्न कलाओं में कई तरह और कई स्तरों पर व्याप्त देखते हैं। हम आसानी से इस सरलीकरण की ओर खिंच सकते हैं कि अमुक कला मार्क्सवादी है, या फ्रायडवादी है, या डारविनवादी है या—आदि-आदि। लेकिन किसी भी श्रेष्ठ कला की गति और प्रकृति इतनी एकांगी या एकतरफ़ा नहीं होती। वह जटिल होती है, और अपनी संरचना में कई तरह के विचारों और आशयों की छटा लिए हुए हो सकती है। कलाओं के अन्तर्सम्बन्धों को हम बेहतर समझ सकते हैं अगर हम उन्हें उनकी जैविक सादृश्यता में समझने की तार्किक कोशिश करें, न कि उनकी प्रवृत्तियों को सरल वैचारिक वर्गों में बाँटकर।

— कलाएँ आसपास (संपादकः विनोद भारद्वाज), 2005

कलाओं का अन्तर्सम्बन्ध

मुझे जब कलाओं के अन्तर्सम्बन्धों पर विचारार्थ विषयों की 'लम्बी' और 'जटिल' सूची मिली तो दिमाग़ में अनायास ही डारविन के विकासवाद (Theory of Evolution) के कुछ सिद्धान्त घूम गए। लाखों बरसों में उस जटिल प्राणी का विकास हुआ है जिसे आज हम 'मनुष्य' कहते हैं। उसका अंग-अंग एक जटिल संरचना है जिनके योग या संयोग से उसका सर्वांग बनता है–ब्रह्मांड की तरह! उसका सरलीकरण नहीं हो सकता। वह एक जटिल यथार्थ है जिसे उसकी 'जटिल समग्रता' (complex totality) में ही स्वीकार किए बिना न तो उसके भौतिक-यथार्थ को ही ठीक से समझ पायेंगे, न उसके चेतन-रहस्य को ही। इस रहस्यमय जीव को जब भी हम केवल विधिवत्, तर्क से या तथ्य-परक ढंग से समझने की कोशिश करेंगे तो दिक़्क़तें आयेंगी। सोचने-समझने के ये जाने माने वैज्ञानिक तरीके और प्रणालियाँ हैं–लेकिन विज्ञान भी सोच समझ के तरीक़ों में एक बुनियादी फ़र्क़ करता है। जीव-जगत और वस्तु-जगत को समझने की भाषाएँ, शब्दावली और सन्दर्भ-पद अलग-अलग हैं।

जीवन से जुड़ी चेष्टाओं–ख़ासकर रचनाओं और कला-वृत्तियों–का एक विशिष्ट चेतन-वर्ग बनता है। उसे सम्पूर्ण चेतना द्वारा ही ग्रहण और आत्मसात् किया जा सकता है। उसका उत्स जैविक है। विश्लेषण द्वारा उसे एक वस्तु की तरह भी समझा और व्याख्यायित किया जा सकता है–जैसे एक मानव शरीर को–लेकिन शरीर से परे भी जीवात्मा है, वह अदृश्य होते हुए जीवन्तता का ज़्यादा बड़ा लक्षण और प्रमाण है। वह उन सन्दर्भ-पदों से नहीं समझा जा सकता जिनसे हम वस्तुओं के लक्षणों और अन्तर्सम्बन्धों को समझते हैं।

जीवशास्त्र में वर्गीकरण का ख़ास महत्त्व है। विभिन्न जाति और प्रकार के जीव-जन्तु, पेड़-पौधे एक ही मिट्टी, वातावरण और जलवायु में पनपते और विकसित होते हैं–फिर भी हर नस्ल की अपनी विशेषता होती है और विकास क्रम में कोई फ़र्क़ नहीं पड़ता : फ़र्क़ तब पड़ता है जब किन्हीं अज्ञात कारणों से उनकी

अन्तःप्रेरणा के स्रोत, यानी उनके जीन्स (genes), में कोई विकृति घटित होती है। तब उनकी नस्ल में बदलाव होता है। यह बदलाव लाखों बरसों में धीरे-धीरे या किसी अकस्मात् आघात–जैसे अणु विस्फोट–के कारण सहसा भी हो सकता है। मनुष्य लाखों बरसों में, इन परिवर्तनों की सीढ़ियाँ चढ़ते हुए, सम्भव हुआ है। एक जटिल संरचना जिसे हम एक अमीबा की तरह नहीं समझ सकते। न भौतिक विज्ञान की पदावली में ही पूरी तरह।

जैसे अन्य प्राणियों से अलग मनुष्य-जाति का एक अलग 'वर्ग' बनता है, मनुष्य की विविध चेष्टाओं में उसकी कलाओं का भी एक अलग समाज बनता है। उनके एक 'सम्मिलित' वातावरण में हर कला का विशिष्ट चरित्र भी विकसित होता है। किसी भी कला को जब हम मात्र एक 'कला-वस्तु' की तरह ही न देखकर एक 'कला-कृति' या 'रचना' की तरह देखते हैं तो उसका जैविक-पक्ष अधिक प्रखर और जीवन्त नज़र आता है। कलाविद् और चित्रकार जॉन बर्ज़र ने इन्टरनेट पर पूछे गए एक प्रश्न के उत्तर में कभी कहा था कि म्यूज़ियम में महान् क्लैसिक्स का जब वे अभ्यास के लिए फिर से अनुकरण करते हैं तो उनकी मंशा उस ऊर्जा का अनुभव करने की होती है जो कृति-विशेष की रचना का मूल कारण रही होगी। यह ऊर्जा मूलतः जीवन ऊर्जा है। कलाओं के बारे में कुछ इस तरह सोचना मुझे ठीक लगता है कि हर कला की अपनी एक स्वतंत्र वंशावली होती है, और उसके गति और विकास की शर्तें उसके जीन्स में अंकित होती है। दूसरी कलाओं का सान्निध्य, सहअस्तित्व या निकटता किसी भी कला के लिए एक अनुकूल (homogenous) वातावरण तो हो सकता है किन्तु उसके विकास के क्रम में किसी भी अन्य कला की बहुत हस्ताक्षेपी भूमिका या हिस्सेदारी नहीं हो सकती। हर कला की अपनी अलग भाषा और उस भाषा का अपना अलग व्याकरण होता है। उनमें एक सीमित संवाद ही सम्भव है। शब्द-वर्ग, ध्वनि-वर्ग और चाक्षुक-वर्ग की कलाओं की सतही संरचना (surface structure) में यद्यपि एक ऊपरी साम्य दीखता है, उनकी भीतरी संरचना (deep structure) विभिन्न भाषाओं की तरह ही विशिष्ट और जटिल है। दो भिन्न भाषाओं में बराबरी से संवाद नहीं हो सकता, यद्यपि हम उन्हें अलग-अलग समझ सकते हैं और उनके आशयों का रूपान्तरण किसी एक भाषा में भी कमोबेश कर सकते हैं। भाषाओं की ही तरह कलाओं का भी स्रोत मनुष्य की रचनात्मक ऊर्जा में है लेकिन उस ऊर्जा की अभिव्यक्ति का स्वरूप विविध होता है।

थोड़ी देर के लिए 'शब्द' और 'ध्वनि' के सम्बन्धों को सोचें। कविता शब्द-और-अर्थ प्रधान कला है, पर उसमें ध्वनि का भी महत्त्व है : उसमें अर्थ व्यक्त भी होते हैं और ध्वनित भी होते हैं। गायन में ध्वनि-संयोजन की प्रमुखता रहती है पर उसमें शब्द (बोल) भी हो सकते हैं। वाद्य में केवल ध्वनि होती है। एक राग की अवधारणा में शब्द का स्थान गौण रहता है। शब्द अक्सर रागदारी की चपेट में अपना अस्तित्व ही खो बैठते हैं। ध्रुपद में शब्दों की मर्यादा बेहतर सुरक्षित रहती है, लेकिन उसमें भी 'राग' और 'लय' की ही प्रमुखता रहती है। 'गीत गोविन्द' अपने आप में सशक्त काव्य है जिसकी संगीत और नृत्य की भाषा में प्रस्तुतियाँ तीन कलाओं के सम्मिश्रण का एक उत्कृष्ट उदाहरण है। 'गीत-गोविन्द' के शब्द, ध्वनि, भाव और बिम्ब पक्ष अपने आप में अत्यन्त समृद्ध हैं जिन्हें संगीत और नृत्य उद्दीप्त करते हैं। फिर भी तीनों की अपनी 'पहचानें' भी स्पष्ट बनी रहती हैं। कभी-कभी ये पहचानें बिलकुल अलग-थलग जा पड़ती हैं। 'रागमाला' अपने ढंग की अनूठी चित्रकारी है, पर 'चित्रों' और 'रागों' के बीच कोई ख़ास रिश्ता चित्रित होता नज़र नहीं आता।

इस अन्तर की ओर भी ध्यान जाना चाहिए कि सभी कलाएँ बराबर से परिवर्तित और विकसित नहीं होती हैं। अनेक कलाओं के–ख़ासकर प्रदर्शित की जाने वाली कलाओं के–पारम्परिक रूप कम बदलते हैं : जबकि शाब्दिक कलाओं के रूप, भाषाई होने के कारण, बहुत तेज़ी से बदलते हैं। आधुनिकता के साथ जिस तेज़ी से कविता, साहित्य और चित्रकला के रूप बदलते रहे, संगीत और नृत्य के नहीं बदले। उनका मूल सौन्दर्य-बोध पारम्परिकता से शक्ति ग्रहण करता है। साहित्य ने 'परम्परा' के अर्थ को आधुनिकता तक विस्तृत किया। कुमार गन्धर्व के गायन में कबीर का अर्थ वही नहीं है जो अशोक वाजपेयी की कविता (बहुरि अकेला) में कुमार गन्धर्व का अर्थ है। कबीर के भजनों की लोक गायन की अनेक शैलियाँ प्रचलित हैं : कुमार उन पारम्परिक शैलियों को ख़्याल गायकी का नया अंदाज़ और परिमार्जन देते हैं।

जीवन में साहित्य की जगह

वह बीसवीं सदी का चौथा दशक था जब मैंने साहित्यिक होश सम्भाला। वही दूसरे महायुद्ध की शुरुआत और अन्त का दशक था। 'भारत छोड़ो' आन्दोलन और भारत की आज़ादी का दशक था। और आज़ादी के साथ ही भारत-विभाजन की भयानक साम्प्रदायिक हिंसा और गांधी की हत्या का दशक था...इन घटनाओं का मैं मूक साक्षी मात्र नहीं था। एक ऐसे संयुक्त परिवार का सदस्य था जो आज़ादी की लड़ाई से परोक्ष किन्तु घनिष्ठ रूप से जुड़ा था। यही मेरे हिन्दी साहित्य में प्रवेश का भी समय था—लगभग सन् 1950 के आसपास। उस समय को सोचते हुए कुछ शब्द स्मृति में तेज़ी से गूंजने लगते हैं—आधुनिक, प्रगतिशील, प्रयोगवाद, नया, पुराना, परम्परा, युद्ध, संघर्ष, क्रान्ति, आन्दोलन वग़ैरह जिनसे उस समय के मिज़ाज का अंदाज़ लगाया जा सकता है। और जिनसे तब का आधुनिकता-बोध अपने को परिभाषित कर रहा था। समाजवादी चेतना पर मार्क्स और गांधी का मिला-जुला असर वातावरण में घुला था। जिन पारिभाषिक शब्दों द्वारा हम अपने युग को दूसरे युगों से अलग करना चाहते हैं अकसर वे ही हमारी सोच की सीमा भी बन जाते हैं। उनसे बाहर निकलते ही विचारों का एक ज़्यादा बड़ा और खुला परिप्रेक्ष्य दिखाई देने लगता है। आधुनिक और नये जैसे 'पद', जिन पर हमने इतना भरोसा किया, नाकाफ़ी लगने लगते हैं और उनको लेकर हम अपने असन्तोष को लगभग नकारात्मक ढंग से व्यक्त करते हैं, जैसे उत्तर-आधुनिकतावाद, उत्तर-संरचनावाद, उत्तर-मार्क्सवाद वग़ैरह...एक तरह से यह स्थापित परिभाषाओं के परिसीमन को आमूल रद्द करने की कोशिश है।

आज हम एक उतावले समय में जी रहे हैं। इस ज़ल्दबाज़ी में अ-संयम और बौखलाहट है। जो हम चाहते हैं उसे तुरन्त झपट लेने की आपाधापी। यह हड़बड़ी भी एक तरह की हिंसा है—लड़-भिड़कर किसी तरह सबसे आगे निकल जाने की लड़ाई। यह बेसब्री हमारे अन्दर कुंठा और अधीरज को भड़काती है—उस

अनुशासन को नहीं जिसका लक्ष्य महान् कुछ को प्राप्त करना होता है। मेरी एक कोशिश जहाँ अपने समय को ठीक-ठीक समझ सकने की रही है वहीं उसे स्वस्थ और स्थायी जीवनमूल्यों से जोड़ सकने की भी।

सदियों में जिस मानसिकता और जीवन-पद्धति का निर्माण हुआ है उसमें काफ़ी कुछ ऐसा भी है जिसमें हमारे सामाजिक दायित्व-बोध और नैतिक वृत्तियों की गहरी मनोवैज्ञानिक जड़ें हैं। उनमें सुधार और परिवर्तन धीरे-धीरे ही लाया जा सकता है, उतनी तेज़ी से नहीं जितनी तेज़ी से आज हमारा आधुनिकता-बोध बदल रहा है। पीढ़ी का मतलब किसी एक समय में कोई एक ही पीढ़ी नहीं बल्कि कई पीढ़ियों का अनिवार्य सह-अस्तित्व है।

यह समय मुझे मुख्यतः सही समझौतों का वक़्त लगता है, टकरावों का नहीं। समझौता लड़ाई की भाषा का शब्द नहीं है, विचार और विकास की भाषा का शब्द है। चाहे-अनचाहे विकास का औद्योगिक मॉडेल राष्ट्रीय और अन्तर्राष्ट्रीय स्तरों पर स्वीकृत हो चुका है। अब उन फ़ैसलों के नतीजों पर गम्भीरता से सोचने-विचारने का वक़्त है। असली विकास वही है जो हमारी आबादी के प्रत्येक हिस्से तक पूरी तरह पहुँचे, न कि कुछ ही लोगों और जगहों तक सिमटकर रह जाए। संकटकालीन या संक्रमणकालीन जैसे मुहावरे–जिनसे हम विभिन्न युगों को सोचने के आदी हैं–शायद इस समय पर बहुत दूर तक लागू नहीं होते। हमें उनकी हद-बन्दी से बाहर निकलकर सोचना होगा। हमारे सामने अब तमाम विकल्प हैं। 'बाज़ारवाद' और 'उपभोक्तावाद' आज का कटु यथार्थ है जो हमारे रहन-सहन, रीति-रिवाज़ों, आपसी सम्बन्धों और सांस्कृतिक-सामाजिक चेतना को कई स्तरों पर तेज़ी से बदल रहा है। हमारे सामने सबसे बड़ी चुनौती इस समय तमाम विकल्पों में से सही रास्ते चुन सकने की है। शायद इसीलिए इस समय को द्विविधाओं और सन्देहों का समय कहना ज़्यादा ठीक लगता है।

जर्मन समीक्षा से निकले दो 'पद' मुझे अकसर याद आते हैं–'जीवनदृष्टि' और 'विश्वदृष्टि'। आज ऐसा नहीं लगता कि उच्च-कोटि की 'जीवनदृष्टि' से हमारी 'विश्वदृष्टि' बन रही है–उलटे सन्देह होता है कि एक बिलकुल स्थूल और व्यावसायिक विश्वदृष्टि हमारी जीवनदृष्टि को बना रही है। हमारे लिए जो सही है उसे चुनना है। क्या सच है, क्या महज़ विज्ञापन? यह द्विविधा केवल चीज़ों तक सीमित नहीं, साहित्य, कलाओं और विचारों को लेकर भी है। बाज़ार-संस्कृति की जिस अन्तर्राष्ट्रीय चकाचौंध में हम खड़े हैं क्या उसके पार भी हम कुछ देख पा रहे हैं? ऐसा लगता है कि ज़्यादा दबाव बेस्ट-सेलर (सर्वाधिक बिकाऊ माल) के उत्पादन पर है, न कि बेस्ट (सर्वश्रेष्ठ) की खोज पर।

मीडिया में भी लाखों में बिकनेवाली किताबों का जिस ज़ोर-शोर से प्रचार और प्रसार होता है वैसा गम्भीर और विचारशील साहित्य का नहीं। ऐसा भी नहीं कि इस समय बड़ा साहित्य नहीं लिखा जा रहा है, पर यह सवाल फिर भी अपनी जगह बना रहता है कि आज के जीवन में उत्कृष्ट की खोज इतनी उपेक्षित और निर्वासित-सी क्यों है?

कविता का जीवन जीते हुए...इस तथ्य को बार-बार जाना है कि वह एक एकान्त साधना और समर्पित क़िस्म की चेष्टा है—आर्थिक लाभ के खातों से अलग। परन्तु हमारे निजी और सामाजिक जीवन बोध का वह सबसे संवेदनशील हिस्सा है जिसके लाभ को बौद्धिक और भावनात्मक स्तरों पर ही ग्रहण किया जा सकता है।

जीवन में साहित्य की जगह को मैंने अपने लिए कुछ इस तरह भी समझा है। वह एक बहुत बड़ी भाषाई ताक़त का स्रोत है। जिस तरह हर शब्द की एक स्वतंत्र सत्ता होती है उसी तरह भाषा में गठित उसकी एक समवेत शक्ति भी। रचना-कर्म का एक ख़ास मतलब इस निहित शक्ति-स्रोत का निरन्तर उत्खनन और आविष्कार है। रचनात्मकता इस ऊर्जा को दहकाकर एक रचना में अर्जित करती है। जीवनेच्छा और साहित्य-रचना के बीच निकट सादृश्यता है। साहित्य शब्दों के बहुआयामी प्रयोगों द्वारा ज़िन्दगी के दबावों से मुक्त करके एक समानान्तर इच्छालोक रचता है। 'मुक्ति' और 'रचना' का यह दुहरा एहसास यथार्थ से पलायन नहीं है, उसी अदम्य जीवन शक्ति का परिचायक है जो साहित्य और कलाओं की रचनाशीलता में प्रकट होती है।

— साहित्य अकादेमी की महत्तर सदस्यता के अवसर पर, 2010

महाकाव्यों का अतीत और वर्तमान

इस संयोग की ओर अनायास ध्यान जाता रहा है कि साहित्य में आधुनिकतावाद के विस्तार के साथ एक देश के महाकाव्यों और क्लैसिक्स पर पुनर्चिन्तन लगभग अनिवार्य रूप से जुड़ा रहा है। वे हमारे लम्बे इतिहास-बोध से जुड़ी स्मृतियाँ हैं–चिरकाल से तत्काल तक एक अटूट शृंखला में नत्थी। जेम्स जॉयस के अत्याधुनिक उपन्यास 'यूलिसिस' से होमर के प्राचीन महाकाव्य के नायक 'यूलिसिस' तक निजी और जातीय स्मृतियों का जो जटिल ताना-बाना बनता है वह हमारे अखंड कालबोध को समेटता है। होमर की 'प्राचीनता' और जॉयस की 'आधुनिकता' के बीच, मनुष्य के आदिम और आज की वृत्तियों के बीच, एक सेतु-सा सहज ही दिखाई देने लगता है।

भारतीय आधुनिकता-बोध में ही हम महाभारत और राम तथा कृष्ण के काव्याख्यानों को भी बहुत कुछ इसी तरह सम्बन्धित पाते हैं। हमारे महाकाव्यीय अतीत भारतीय जीवन, भाषाओं, साहित्यों और आचार-विचार, रीति-नीति आदि में गहराई से घुले-मिले हैं। उन्हें जीवन से अलग कर पाना मुश्किल है, इसलिए भाषा और साहित्य से भी अलग, या दूर, कर पाना लगभग असम्भव रहा है। यह 'अतीत' एक ऐसी भाषा है जिसमें सामान्य जन से बातचीत करना सबसे आसान रहा है। इस 'भाषा' का ख़तरनाक दुरुपयोग भी होता रहा है–ख़ासकर राजनीतिक और धार्मिक क्षेत्रों में साम्प्रदायिकता को भड़काने में। गांधी ने भरसक इस भाषा को जन की नैतिक शक्ति से जोड़कर राजनीति में एक नई जान डालने की कोशिश की और विश्व के सामने एक अद्वितीय उदाहरण रखा कि अहिंसा, हिंसा से, ज़्यादा बड़ी शक्ति हो सकती है! समाजवादी और सुधारवादी विचारों पर भी गांधी के इस नैतिक आन्दोलन का पूरा प्रभाव पड़ा।

इसके बावजूद राजनीतिक हिंसाएँ रुकीं नहीं–यह इस पृथ्वी पर आदमी के स्वभाव का वह दूसरा इतिहास है जिसकी चारित्रिक जड़ें उसकी पाशविक वृत्तियों में हैं। 'पाशविक' कहते हिचकता हूँ क्योंकि पशुओं में भी 'हिंसक' और 'अहिंसक'

पशुओं का स्पष्ट विभाजन है। जीवन रक्षा (survival) की दृष्टि से भी अहिंसक जीव कम सुरक्षित हों ऐसा भी नहीं लगता। बाइबिल की यह सुप्रसिद्ध उक्तियाँ याद आती है–

Those who live by the sword
will perish by the sword
x x x
Blessed are the meek
for they shall inherit the kingdom of God

यह जीवन के पक्ष में एक सद्विचार है जिसे आदमी के अन्दर एक सतत् चलते आत्मसंघर्ष के रूप में पहचाना जा सकता है। साहित्य, कलाओं, विचारों आदि का सांस्कृतिक इतिहास मनुष्य के यौद्धिक इतिहास से कहीं अधिक गौरवशाली, भव्य और स्थायी रहा है। बीसवीं सदी में इस ओर भी चिन्तकों का ध्यान जाना दो महायुद्धों से ज़्यादा बड़ी क्रान्ति रही है!

भारतीय 'आधुनिकता' में महाभारत और रामायण दो विशद सन्दर्भ-ग्रन्थों की तरह रहे हैं। उतना ही भारतीय जीवन में व्याप्त जितना भारतीय जीवन, जन-जीवन और भाषाओं में! इन्हें नकारकर भारतीयता के न तो गहरे ही न ही उथले आशयों को समझा जा सकता है। वे कल्पना की उड़ानें नहीं, भारतीय यथार्थ का हिस्सा हैं।

महाभारत का कोई एक लेखक नहीं है...उसका पाठ समय का पाठ है। 'वेदव्यास' समय की दृष्टि हैं।

महाभारत का पहला दिन

जिन पितामह, गुरुओं और वंशजों के पाँव छूकर और उनका आशीर्वाद लेकर कौरवों के युवा पीढ़ी के योद्धाओं को आगे बढ़कर लड़ना चाहिए था जब उन्हीं वयोवृद्ध सेनानियों को युद्धाग्नि की पहली पंक्ति में खड़े देखा तो दूरदर्शी कृष्ण समझ गए कि मूर्ख कौरवों की पराजय निश्चित है! अर्जुन से बोले–"निमित्त मात्रं भव सव्यसाची!"–यह दृश्य कौरवों की हार का नक्शा है। अर्जुन के सन्देहों को दूर किया–अपनी दिव्यदृष्टि देकर!

महाभारत पर एक नज़र

महाभारत के कुछ अंशों को सबसे पहले मैंने 'बाल-साहित्य' की तरह पढ़ा था–बचपन में, युद्धों के प्रसंग विशेष रोचक लगते थे। साहस, शौर्य, गर्वोक्तियाँ,

ललकार, मारकाट—वही पुराना मसाला, जिसे आज की व्यावसायिक बम्बइया फ़िल्में नई पैकिंग में बेच रही हैं।

महाभारत में और भी बहुत कुछ है। बल्कि यों कहूँ, वह सभी कुछ है जो जीवन में है, और जैसा कि कहा जाता है, जो महाभारत में नहीं है—वह जीवन में भी नहीं है। लेकिन वह सब उस समय समझ में नहीं आता था, जब मैं बच्चा था। इसलिए आज मुझे परिवार की वह सावधानी बिलकुल नाहक लगती है कि महाभारत बच्चों के हाथ में न पड़े। बाबा की छोटी-सी घरेलू लाइब्रेरी में 'कल्याण' द्वारा प्रकाशित 'सम्पूर्ण महाभारत' की सचित्र जिल्दें क़ायदे से सजाकर रखी हुई देखता तो मन ललचाता कि कुछ बात ज़रूर है इनमें, जो हम बच्चों को इनसे और इन्हें हम बच्चों से दूर रखा जाता है! दूर के ढोल सही, पर बजाने को जी चाहता था। सो जब भी मौक़ा मिलता कोई भी 'खंड' कहीं से निकाल लेता और कहीं से भी पढ़ने लगता। अजीब बात है उन्हें कहीं से भी पढ़ना दिलचस्प लगता। उन्हें क्रम से ही पढ़ा जाए उस समय, यह ज़रूरी नहीं लगता था, आज भी बहुत ज़रूरी नहीं लगता। ज़िन्दगी में क्या क्रम है? क्रम तो हम उस पर आरोपित करते हैं। एक पूर्वकल्पित धारणा में अटाकर उसमें क्रम और तारतम्य बैठाना चाहते हैं, पर ज़िन्दगी है कि हमेशा उससे छिटककर बाहर छलक जाती है। कितना ही दृढ़ शिकंजा और ढाँचा उसके लिए बनायें, ज़िन्दगी उसकी क़ैद में रह ही नहीं पाती—उसकी अबाध ऊर्जा मानो पूरी धरती, पूरे आकाश की स्वच्छन्दता माँगती है।

और यह था महाभारत का मेरा पहला पाठ कि वह ज़िन्दगी है; महज़ दो जिल्दों के बीच बाँधे हुए कुछ पृष्ठ नहीं। और वे पृष्ठ संख्या, वह क्रम, पर्व, खंड वग़ैरह—कहीं कैसे ही रख दो—महाभारत की ठेठ जीवन-वस्तु ढिठाई से उनका अनुसरण करने से इनकार करती है। किसी भी रचना में अगर जीवन की इस उन्मुक्त छवि के दर्शन नहीं होते, तो वह महज शब्दों के सींकचों का पिंजड़ा है—उसमें हम एक शेर को बन्द करके तो रख सकते हैं—पर वह शेर क्या जिसके साथ उसके पूरे जंगल का भी आभास न हो! महाभारत एक शेर नहीं, पूरा जंगल है, जिसमें कई शेर हैं।

और बड़ा हुआ तो लड़ाई-भिड़ाई के बाहरी प्रसंगों—उनके रोमांचक और सनसनीखे़ज़ वर्णनों—में रुचि जाती रही। असली लड़ाई-भिड़ाई बाहरी नहीं, भीतरी है। गीता मानो इस पूरी लड़ाई के 'स्वरूप' को एक श्लोक में सूत्रबद्ध कर देती है। अन्धे धृतराष्ट्र संजय से पूछते हैं—

'धर्मक्षेत्रे कुरुक्षेत्रे समवेता युयुत्सवः
मामकाः पाण्डवाश्चैव किमकुर्वत संजय।'

दो पक्ष हैं। एक तो कौरव–मेरे, और दूसरे पांडव–पराये। यह बुनियादी द्वैत ही–पक्ष और विपक्ष–इस सारे संघर्ष की जड़ है। धृतराष्ट्र अगर भीतर से भी अन्धे न होते, तो शायद देख पाते कि दो पक्ष हैं ही नहीं। 'मामकाः' नहीं, सही दृष्टि 'मामेकं' है।

लेकिन मैं तो बहुत आगे बढ़ गया–अट्ठारह पर्वों को लाँघकर अट्ठारहवें 'अध्याय' पर! फिर कुछ गड़बड़ कर रहा हूँ। अट्ठारह पर्व तो 'महाभारत' के हैं और अट्ठारह अध्याय 'गीता' के। और गीता ख़ुद महाभारत के अन्दर है–या कहीं ऐसा तो नहीं कि पूरा महाभारत गीता के अन्दर है–उसके एक श्लोक में समाहित–वही कुरुक्षेत्र है, जो धर्मक्षेत्र है। वे दो नहीं एक ही हैं!

और ये 'समय' में आगे लाँघ जानेवाली बात भी चक्कर में डालने वाली है। मानो 'तत्काल' में कोई जीता ही नहीं–सब 'त्रिकाल' में जीते हैं। क्या था यह विचित्र कालबोध, यह संज्ञान, जिसमें जो सब हो रहा, वही सब पहले भी हो चुका, और आगे भी वही कुछ होगा। यानी समय भी दुनिया की तरह गोल! कभी भी कहीं से किसी तरफ चलो घूम-फिरकर वहीं पहुँचोगे जहाँ थे, जहाँ हो और जहाँ होगे।

यह दिलचस्प भी लगा। एक मज़ेदार खेल, अगर इस खेल की शर्तों को मानकर जीवन को खेला जाए। कृष्ण अर्जुन को समझाते हैं–आँसू मत बहाओ; इस खेल का मज़ा लो। थोड़ी देर के लिए अर्जुन को अपनी 'दृष्टि'–'दिव्य दृष्टि'–देकर कहते हैं, 'अब देखो, और बताओ मुझे, कौन किसे मार रहा, कौन मर रहा? अर्जुन चकित रह जाता–अरे, ये सब तो पहले ही से मरे पड़े हैं।' कृष्ण भी होने वाले समय को लाँघकर हो-चुके समय में अर्जुन को ले जाते हैं–और दिखाते हैं कि दोनों में कोई फ़र्क़ नहीं। दिव्य-दृष्टि से देखो तो सब एक नाटक है, और सब एक नाटक की तरह होते देखना ही दिव्य-दृष्टि है! तुम इस नाटक में भी हो, और इससे बाहर भी। तुम एक 'पात्र' भी हो और तुम्हीं 'सूत्रधार' भी। इसे सिर्फ़ जानो ही नहीं, प्रतिक्षण अनुभव भी करके रह सको, तो सच्चे ज्ञानी। लेखन के शिल्प का पहला सबक़।

अचानक वाल्मीकि याद आए। महाभारत के समय से निकलकर मैं शायद रामायण के अनुभव-काल में आ गया था। वाल्मीकि भी इसी तरह अपनी रामायण के अन्दर एक पात्र भी हैं, और उसके बाहर के रचयिता भी–ठीक जैसे व्यास महाभारत के भीतर भी हैं, और उसके बाहर भी–पात्र भी और द्रष्टा भी। इतिहास भी और इतिहासकार भी। भारतीय समय-बोध में इतिहास शब्द की अवधारणा भी ध्यान देने योग्य है। एक संयुक्त शब्द जो संस्कृत के इति यानी

ऐसा, ह यानी हुआ, आस यानी था, अर्थात् 'ऐसा हुआ था' (इति+ह+आस) का बोध कराता है। 'स्मृति' और 'बखान' इसका मूल स्वभाव है : प्रामाणिकता, तारतम्य और सुनिश्चितता आदि गौण स्थान रखते प्रतीत होते हैं। न क्रमबद्ध इतिहास की कड़ियों को ज्यों-का-त्यों बचाए रखने की प्रवृत्ति ही बहुत महत्त्व रखती है। ऐसा क्यों था? क्या प्राचीनों का इतिहास-बोध अभी विकसित नहीं हुआ था? या उनकी जीवनदृष्टि ही ऐसी थी कि जीवन के पार्थिव और नश्वर पक्ष की अपेक्षा उन्होंने उसके वैचारिक और आत्मिक पक्ष को ज़्यादा महत्त्व दिया।

आज भी यह तय करना मुश्किल है कि महाभारत और रामायण कब लिखे गए, और पहले कौन लिखा गया। महाभारत में रामकथा का ज़िक्र आता है पर रामायण में महाभारत का कोई ज़िक्र नहीं–इस आधार पर रामायण को प्रथम-आदिकाव्य मानने का पर्याप्त कारण बनता है। लेकिन अगर इस धारणा में सच्चाई है कि रामकथा का महाभारत में समावेश बाद में किया गया–शायद पाँचवीं सदी में जब महाभारत को मौजूदा ग्रन्थ का रूप मिला–तो यह समस्या ज्यों-कि-त्यों बनी रहती है कि पहले महाभारत या पहले रामायण। भारतीय इतिहास-बोध के लिए इतना काफ़ी था कि कभी 'ऐसा-हुआ-था' : गीता उस सबसे निकली एक सच्चाई का सार है, बाकी सब जैसे दुःस्वप्न की स्मृति-मात्र। जिसकी शक्ति उसके 'यथार्थ' होने में नहीं, उसके मिथकीय वस्तु में है। यानी उसके वास्तविक होने में नहीं, उसके जीवन-सदृश्य होने में है–मानो वह किसी परमज्ञान का उदाहरण मात्र हो। लेकिन फिर, प्रतिक्षण होते इस महाभारत–इस घोर यथार्थ–की हम अवहेलना भी कैसे कर सकते हैं। कृष्ण हों चाहे अर्जुन, कुरुक्षेत्र में तो दोनों ही को उतरना पड़ा। कृष्ण समझाते हैं कि जहाँ द्वैत है वहाँ द्वन्द्व है–संघर्ष है। वे भरसक प्रयत्न करते हैं कि कौरवों और पांडवों के बीच सुलह हो जाए। दोनों पक्ष एक हो जाएँ। पर यह सम्भव नहीं हो पाता, तो वे अनुभव करते हैं यह द्वैत बाहर-बाहर से नहीं मिटाया जा सकता। द्वैत और तनाव तो रहेंगे, पर उन्हें लेकर अन्दर से एक 'सन्तुलन' पाया जा सकता है। 'ज़ेन' (zen) यानी 'ध्यान' का दर्शन कहता है प्रकृति से जूझो मत, उसके साथ बहो। अन्दर से शान्त रहो और बाहर के विप्लव को तटस्थ भाव से देखो। उसकी चपेट में तुम भी आ सकते हो–चपेट में आ गए इस अपने को भी उसी शान्त भाव से देखो।

यह ध्यान देने की बात है कि महाभारत की सम्पूर्ण कर्मस्थली–उसकी पृष्ठभूमि–पारिवारिक है। ज़र, ज़मीन, जन के लिए दो परिवार लड़ मरते हैं। यह महाभारत तब का नहीं, अब का भी है। होश सम्हालते ही जिस वास्तविकता से

हमारा पहला सामना होता है—वह नितान्त पारिवारिक है। चाहे वह हमारा अपना छोटा-सा कुटुम्ब हो, चाहे पूरी वसुधा पर मानव-कुटुम्ब। अपना-पराया, मेरा-तेरा के झगड़े से कोई नहीं बच पाता। 'चक्रव्यूह' में फँसे अभिमन्यु की तरह हम अनुभव करते हैं कि यह लड़ाई, यह संघर्ष, यह महाभारत, तो आज का नहीं पुश्तैनी है—सतत् चलता पैतृक-युद्ध, जिसमें हम डाल दिए गए हैं, जीते जी इससे बच निकलना असम्भव है—रचना शिल्प को लेकर मेरे लिए यह दूसरा सबक़ था।

क़ैदे-हयात बन्दे ग़म अस्ल में दोनों एक हैं
मौत से पहले आदमी ग़म से नजात पाए क्यों?

—ग़ालिब

डारविन का कहना था कि जीवन एक लगातार संघर्ष है—जीव और प्रकृति के बीच। इस संघर्ष—इस महाभारत—में वही बचेगा, जो बुद्धि और शरीर से सबसे अधिक सबल और सक्षम होगा : कमज़ोर धीरे-धीरे नेस्तनाबूद हो जाएँगे। वैज्ञानिक दृष्टिकोण की यह आधार-मान्यता इस ईसाई विश्वास के विरुद्ध पड़ती है कि अन्त में विनम्र और विनयशील ही बचेंगे : ज़बर आपस में ही लड़-भिड़कर समाप्त हो जाएँगे। मार्क्स ने भी जीवन को अमीर-ग़रीब के बीच संघर्ष के रूप में ही देखा। वैज्ञानिक प्रगति की धारणा मूलतः यह मानकर चलती है कि सम्पूर्ण पृथ्वी आदमी के हाथों में सौंप दिया गया एक ऐसा अकूत ख़ज़ाना है जिसे वह जैसे चाहे वैसे इस्तेमाल करने के लिए आज़ाद है। वह ख़ुद भी इस ख़ज़ाने का हिस्सा है। उसका एकछत्र मालिक नहीं, यह 'विवेक' एक-दूसरे तरह की 'अनुभूति' देता है। न केवल भारतीय बल्कि सम्पूर्ण पूर्वीय विचारधारा में यह बोध व्याप्त दीखता है कि प्रकृति केवल भक्षक नहीं, रक्षक भी है। हमें उसके विरुद्ध नहीं उसके साथ चलना है। वह पोषक है; मनुष्य से कहीं ज़्यादा निरीह और कोमल प्राणियों की पालक। यह दम्भ कि मनुष्य ही सर्वश्रेष्ठ प्राणी हैं, आत्मघाती है। पिछले दो महायुद्ध में जो नेस्तनाबूद हुआ वह मनुष्य का यह मिथ्या दम्भ कि सर्वश्रेष्ठ होने का यह उन्माद आगे बढ़ता जाए तो किस सीमा तक पहुँच सकता है!

महाभारत में भी जो नष्ट होता है, वह किसी न किसी रूप में यह दम्भ, दूसरों के प्रति अविनयशीलता, है जो अपने आपको अन्ततः नष्ट कर लेती है। जो बचता है वह यह विवेक कि संघर्ष नहीं सह-अस्तित्व जीवन का मूलाधार है।

महायुद्ध समाप्त होता है लेकिन महाभारत चलता रहता है, विजेताओं की भीतरी युद्धभूमि में। भीष्म अगर इस 'युद्ध' के सबसे दर्दनाक परिशिष्ट हैं तो कृष्ण

उसकी मार के सबसे दूरगामी शिकार। गान्धारी के शाप को झेलते हुए विदग्ध कृष्ण मानो क्राइस्ट की तरह सम्पूर्ण मानवता के पाप और अविवेक का प्रायश्चित हैं, क्योंकि वे उसके सबसे संवेदनशील और बुद्धिमान साक्षी थे। ग्लानि और पापबोध से विगलित हिमालय की निर्जन ऊँचाइयों पर अपने शरीर को गलाते चले जाते पांडवों का पश्चाताप मानो विजित और विजेता के बीच कोई फ़र्क़ नहीं छोड़ता।

इस भयानक विभीषिका से बचे रह जानेवाले कुछ और भी पात्र हैं–संजय, विदुर, कृपाचार्य, व्यास...महाभारत के सम्भवतः सबसे निर्लिप्त पात्र। वे सब अपनी-अपनी तरह द्रष्टा हैं। वे पूरे महाभारत से अलग नहीं। वे सब कुछ 'देखते' हैं, पर युद्धभूमि में ख़ुद ज़्यादा 'दिखाई' नहीं देते। वे न तो कायर हैं, न ही महत्त्वाकांक्षी। वे उस रणनीति के महारथी हैं, जिनका अस्त्र विनम्रता था।

इस बात को बहुत धीरज और गहराई से समझना ज़रूरी है कि हिन्दू धर्म के प्रमुख प्रेरणा-स्रोत महाभारत (भगवद्गीता) और रामायण मूलतः धर्मग्रन्थ नहीं हैं, उच्च कोटि की साहित्यिक कृतियाँ, महाकाव्य हैं। वे बाइबिल या क़ुरान की तरह के धर्मग्रन्थ नहीं हैं–न उनमें किसी पैग़म्बर के द्वारा दी गई धार्मिक हिदायतें हैं। महाभारत और रामायण का, अथवा कृष्ण-काव्य और राम-काव्य का, कालान्तर में धार्मिक कोटि का प्रेरणा-स्रोत बनते जाना यद्यपि साहित्य को पूजा जैसा आदर देना है, इस वास्तविकता से इनकार नहीं किया जा सकता कि इन महाकाव्यों के रचयिता उच्च कोटि के साहित्यकार और चिन्तक तो थे पर व्यास, वाल्मीकि या तुलसीदास को पैग़म्बर–जैसे मूसा, क्राइस्ट अथवा मुहम्मद साहब थे–नहीं माना जा सकता। उन्हें ऋषि अथवा महर्षि कोटि में रखा गया, यानी महान् चिन्तक, विचारक, आचार्य, साहित्य रचनाकार, नीतिकार, गुरु आदि लेकिन उन्हें साक्षात् धर्मावतार नहीं माना गया।

महाभारत और रामायण दुनिया के महानतम् महाकाव्यों में से हैं; जैसे होमर के 'ओडिसी' और 'इलियड' या वर्जिल और दान्ते की कृतियाँ। कालान्तर में वे अनेक बड़ी साहित्यिक कृतियों को प्रेरित करते रहे–जैसे हमारे समय में जेम्स जॉयस का 'यूलिसिस' और डेरेक वॉलकॉट का 'ओमेरोस' जैसी कृतियाँ। लेकिन महाकाव्यों को क्लैसिकल साहित्य की ही कोटि में रखा गया। वे बाइबिल या क़ुरान की तरह धर्मग्रन्थ नहीं बने। इसमें शक़ नहीं कि बाइबिल और क़ुरान में उच्च कोटि के काव्यगुण भी हैं–लेकिन रहते वे मूलतः धार्मिक ग्रन्थ ही हैं।

महाभारत और रामायण मूलतः काव्य कृतियाँ और जीवन ग्रन्थ हैं। जीवन की जटिल और बहुधा कुटिल परिस्थितियों में फँसे पात्रों के कर्त्तव्य अ-कर्त्तव्य,

विवेक-अविवेक, आचार-विचार, द्वन्द्वों और संघर्षों का बृहत् विवेचन और उनका औचित्य-विचार है। मूलतः उनका आधार मानवीय, नैतिक, जैविक और सामाजिक है। उनमें से किसी भी चरित्र या पात्र पर ईश्वरत्व अथवा दिव्यत्व का आरोपण उसकी मानवीय विश्वसनीयता को कमज़ोर करता है। 'रामचरितमानस' अपने मानस रूप में अधिक बड़ा सच है : उसका ईश्वरीकरण कहीं उस जीवन पक्ष को क्षीण करता है। इसी तरह गीता का पाठ शुद्ध मनोपचारिक ढंग से किया जा सकता है, जिसमें अध्यात्म का भी महत्त्वपूर्ण योग है। आज के मनोविज्ञान में 'शब्दोपचार' और 'ज्ञानोपचार' की तकनीकों को जायज़ माना गया है। युद्ध की सम्भावित विभीषिका के अनुमान-मात्र से अर्जुन सहसा टूट जाता है। आज की भाषा में, उसका 'नर्वस ब्रेकडाउन' हो जाता है। एक कुशल मनोवैज्ञानिक/चिकित्सक की तरह कृष्ण उसे सम्भालते हैं। कैसे? पूरे भौतिक संघर्ष-क्षेत्र (धर्मक्षेत्रे कुरुक्षेत्रे) का पराभौतिकीकरण करके वे सबसे पहले अर्जुन को कर्तापन के विषय से मुक्त करके उसकी सारी ज़िम्मेदारी अपने पर ले लेते हैं। यह विशुद्ध राजनीतिक तकनीक है। तुम सिपाही की तरह लड़ो, जान लो, जान दो—आदेश कहीं ऊपर से आता है। मरने-मारने का निर्णय तुम्हारा नहीं किसी और का है। तुम तो केवल आदेशपालक हो। 'निमित्त मात्रं भव सव्यसाची।' अर्जुन शंकाएँ उठाता है तो कहा तुम्हारा काम सिर्फ़ यंत्रवत् लड़ना है, सोचना विचारना नहीं? कृष्ण के लिए यह एक नाज़ुक और विषम परिस्थिति है। वे जानते हैं कि सोचने विचारनेवाला आदमी लड़ नहीं सकता। कृष्ण उसे झिड़क देते हैं—सोचने-विचारने का काम तुम्हारा नहीं, पंडितों का है—और पंडित जो बीत गया, या जो बीतनेवाला है, उसे लेकर चिन्ता नहीं करते। तुम्हारा काम अथवा क्षत्रिय-धर्म लड़ना है। यानी वर्तमान की चिन्ता करना है—उस युद्ध को, संघर्ष को, निपटाना है, जो तुम्हारे सामने है। जो सामने है—मौजूदा यथार्थ—उसी से तुम्हारे संघर्ष की भूमिका बनती है। उसी में तुम्हारा नरक-स्वर्ग और मोक्ष है। गीता का उपदेश एक संकट में फँसे व्यक्ति का आपद्धर्म है। पांडव अन्ततः कौरवों को मारकर राज्य प्राप्त तो करते हैं पर विजेताओं में से कोई भी शान्ति नहीं पाता। जब युधिष्ठिर अपनी शंकाएँ कृष्ण के सामने रखते हैं तो कृष्ण भी चुप रह जाते हैं और वे सब शरशैय्या पर पड़े भीष्म के पास जाते हैं। कौन हैं भीष्म? महाभारत के वरिष्ठतम सदस्य, परम ज्ञानी योद्धा, एकमात्र ऐसे मनुष्य जिन्हें मृत्यु भी बिना उनकी इच्छा के नहीं छू सकती। महाभारत का भीष्म पर्व या शान्ति पर्व पूरे महाभारत के संघर्ष का सबसे मार्मिक और सबसे करुण अन्त है। वह जीवन को ऐसी छोटी-छोटी समझदारियों के लघु प्रसंगों में छोड़ता है, जो मानो ज्ञान के बड़े-बड़े वितानों की खिल्ली-सी उड़ाते लगते हैं। एक

प्रश्न के उत्तर में कि वे ऐसी घोर यातना के बीच अभी तक क्यों जीवित हैं, जबकि इच्छा-मृत्यु उनके हाथ में है, भीष्म हारा हुआ-सा काव्यमय उत्तर देते हैं–

अनायास मरणं विना दैन्येन जीवनम्
देहान्ते तव सान्निध्यम् देहि में परमेश्वर।

गीता में दिया गया उपदेश आपदा में, संकट में, फँसे अर्जुन का शब्दोपचार है–ज्ञान के अनेक स्रोतों से लिए गए अंशों को मिला-जुलाकर किया गया एक 'ज्ञानोपचार' जो अर्जुन को किसी तरह समझा-बुझाकर युद्ध के लिए तैयार करता है। हम में से हर एक कभी-न-कभी इस तरह के संकटों में फँसता है और गीता में सहारा और ढाँढ़स पाता है, तो कोई आश्चर्य नहीं। लेकिन, फिर भी गीता मूलतः एक धर्मग्रन्थ नहीं है। उत्कृष्ट कोटि के मनोवैज्ञानिक उपचार का एक विरल उदाहरण है।

उपनिषद् भी धर्मग्रन्थ नहीं हैं, मूलतः विचार, चिन्तन और दर्शन के ग्रन्थों का समुच्चय हैं, उनमें से अधिकांश संवाद शैली में हैं, जो हमें एक साथ सुकरात, प्लेटो और अरस्तू के संवाद के साथ फ्रायड द्वारा प्रणीत मनोपचार की संवाद शैली की भी याद दिलाते हैं। अद्वैत दर्शन भले ही धीरे-धीरे भक्ति साहित्य और सूफ़ी साहित्य में भी छनता जा रहा हो–पर है वह दर्शन कोटि का ही, धार्मिक कोटि का नहीं। भारतीय जीवन संस्कृति के मूल तत्त्व भारतीय दर्शन, साहित्य और कलाओं से तो जुड़ते हैं, पर जब हम इन सांस्कृतिक स्रोतों को धर्मग्रन्थों की तरह मानकर चलते हैं तो वैसी ही सी तमाम विसंगतियों का सामना करना पड़ता है, जैसा जीवन में। हम लगभग उन्हीं तरह की जटिलताओं, द्वन्द्वों, अन्तर्द्वन्द्वों में अपने को फँसा पाते हैं–जैसे राम या कृष्ण–और उसी तरह के दुखद अन्तों से घिरा जैसा राम और कृष्ण ने झेला। कृष्ण एक बहेलिए के तीर का शिकार होते हैं : राम जलसमाधि लेते हैं। ये नितान्त मानवीय हताशाओं के चरम बिन्दु हैं।

भारतीय काव्य एक आहत वाल्मीकि के उस मार्मिक अनुष्टुप से शुरू होता है–'मा निषाद् प्रतिष्ठाम्'...

उसमें जो मूल मंत्र निहित है, वही शायद धर्म का भी मूल तत्त्व है–जीवन की प्रतिष्ठा और उसका हनन करनेवाले को अप्रतिष्ठा का शाप।

याद रखने की बात है कि उपनिषदों की (वेदान्त, वेदों का अन्त भाग) शुद्ध रूप से वैचारिक परम्परा अंशतः वैदिक कर्मकांड और ब्राह्मणवाद के विरोध में विकसित हुई। देवी-देवताओं के 'अनेकतावाद' को 'एकोहम् द्वितीयो नास्ति' के एक-ईश्वरत्व भाव में समेटती हुई। यह वैदिक वर्चस्वता एकाधिकार के विरुद्ध

एक तरह का विद्रोह था—कि ज्ञान और ईश्वर की कोई सीमा नहीं : ग़ैर ब्राह्मणों के लिए भी वह क्षेत्र उतना ही खुला और सुलभ है।

साहित्य की लड़ाई

साहित्य भी लड़ाई का मैदान है यह सोचकर मैं साहित्य में नहीं आया था। सच तो यह था कि 'लड़ाइयों' से भागकर एक शान्तिपूर्ण जीवन की सम्भावना ने मुझे साहित्य की ओर आकृष्ट किया था। एक बिम्ब था मन में चिन्तन-मनन के निर्विघ्न एकान्त का। जीवन को तटस्थ दृष्टि से देखने, जीने और सोचने का। यहाँ भी योद्धाओं से सामना होगा, ऐसा नहीं सोचा था। और अगर संघर्ष ही जीवन का सतत् सच है तो साहित्य में भी मेरे जैसे व्यक्ति के लिए बहुत कम जगह बचती है। इसकी मुझे कोई चिन्ता नहीं। मैं उस कम जगह, बहुत कम जगह में—कुटिया भर जगह में भी रहना पसन्द करूँगा। युद्ध क्षेत्र में नहीं।

आप महाभारत, रामायण, 'इलियड' का उदाहरण देकर मुझसे पूछ सकते हैं कि जीवन अगर संघर्ष नहीं तो और क्या है? तो मैं यही कह सकता हूँ कि जीवन वह छोटी-सी जगह भी है जिसे एक व्यास, एक वाल्मीकि, एक होमर अपने लिए सम्भव बना सके—तमाम संघर्षों से दूर रहकर भी। मैं पूछता हूँ कि साहित्य अगर यह व्यास-दृष्टि, वाल्मीकि-दृष्टि, होमर-दृष्टि नहीं है, तो क्या है? साहित्य अगर विभिन्न विवेकों का सौहार्द, समागम और संवाद न होकर लेखकों और चिन्तकों का युद्ध क्षेत्र है तो क़लम छोड़कर पकड़िए फिर लाठी और तलवार। अपनी-अपनी फ़ौजें बनाइए और उसी मारामारी में शामिल हो जाइए, जिसमें सब जुटे हैं।

आप ग़ुस्से से तड़पकर, चाक़ू की तरह मेरी ओर अपनी उँगली तानकर पूछेंगे—तो क्या मैं अन्याय होता देखता रहूँ और चुप रहूँ? असहाय को पिटता हुआ देखूँ और कुछ न करूँ? आँखें बन्द कर लूँ? दुम दबाकर भाग जाऊँ?

अन्यायी को ग़ौर से देखिए। कौन है वह?—कोई ग़ैर? पराया? अजनबी? कमज़ोर? तो आप निश्चय ही झपटकर उसके टुकड़े-टुकड़े कर देना चाहेंगे। लेकिन...। लेकिन क्या करेंगे आप अगर वह आपका कोई बहुत अपना, आत्मीय, अन्तरंग, सगा हो? थोड़ी देर के लिए मान लीजिए कि वह आपका भाई, बाप या बेटा हो। क्या करेंगे आप? उस पर टूट पड़ेंगे? या थोड़ा हिचकेंगे—असमंजस और शर्म अनुभव करेंगे, उसे समझने-समझाने की कोशिश करेंगे, प्यार से, उसके अपने की तरह, उसके दुश्मन की तरह नहीं। उसके क्रोध

और हिंसा को शान्त करने की कोशिश करेंगे न कि उत्तेजित करने की। कहते हैं कि राम जब किसी तरह रावण को मार नहीं पा रहे थे, तब उसके मर्मस्थल पर बाण मारा।

साहित्य मनुष्य के (राक्षस तक के) उसी मर्मस्थल पर लक्ष्य करने की कला है। उसकी दुनिया क़लम की दुनिया है। लाठी, तलवार भाँजनेवालों की दुनिया नहीं है। फ़ौजियों और लड़ाकों से दूर भी एक दुनिया बनाई जा सकती है–शायद ज़्यादा समृद्ध और सार्थक।

उस चाक़ू की तरह तनी हुई उँगली और कुल्हाड़े की तरह उठे हुए हाथ को अपमानित मत कीजिए। आदमी आज लाख गिरा हुआ हो, फिर भी आपको विश्वास दिलाता हूँ कि उसका मर्मस्थल अभी भी सुरक्षित है। मैंने उसे देखा है–रोते हुए, हँसते हुए, तड़पते हुए, प्यार करते हुए। यह साहित्य के लिए बहुत बड़ा मौक़ा है या कह सकते हैं क्षेत्र है। याद आता है एक नादिरशाह भी एक शेर से पराजित हो गया था–जंगली शेर से मेरा मतलब नहीं है। शेर के उस दूसरे मतलब को आप जानते हैं–मुझे उसी पर भरोसा है, और सोच समझ पर भी।

एहसासों का घनिष्ठ सम्बन्ध कविता से है, जैसे जीवन से है। उन्हें दोनों ही से अलग नहीं रखा जा सकता। जैसे कविता में उसी तरह जीवन में भी, कविता उनका परिष्कार करती चलती है। कालान्तर में उच्च-कोटि के 'विचार' या 'चिन्तन' भी हमारे एहसासों में घुल-मिल जाते हैं। उनमें अन्तर नहीं रह जाता। इसे ही कभी टी.एस. एलिअट ने 'फ़ेल्ट-थॉट्स' कहा था। विस्तार और गहराई में जाकर सोचें तो कविता श्रेष्ठ विचारों को भाषा द्वारा ग्रहण करके पुनः हमारे एहसासों में प्रवाहित कर सकने की एक कला है। अधम और कुत्सित 'विचारों' को हमारे एहसासों से बाहर रखना भी इसी कला की एक युक्ति है। असत्य और अनैतिक को भी श्रेष्ठ काव्य-विवेक उसी तरह छानकर अलग कर देता है जैसे रामकथा में रावण के चरित्र और विचारों को। महाभारत में सब कुछ है, लेकिन सब कुछ के बीच नैतिक घपला नहीं है। एक उत्तम काव्य-विवेक से छनकर उच्चकोटि की 'बुद्धिमत्ता' निकलती है, जो जाने-अनजाने हमारे एहसासों का स्थायी शील बन जाती है। याद पड़ता है एक बार श्री विद्यानिवास मिश्र से बातचीत करते हुए हम इस बात से काफ़ी हद तक सहमत थे कि कर्मों का आधार (विशेषकर सामूहिक कर्मों का आधार) मूलतः 'आवेगी' यानी 'इमोशनल' या 'भावनात्मक' होता है। तर्क-बुद्धि द्वारा कर्म के औचित्य और अनौचित्य पर विचार होता है। संसार में ऐसे बहुत से प्राणी हैं जिनकी

सहज-वृत्तियाँ (instincts) उनकी बुद्धि से कहीं अधिक विकसित है। वही उनकी जीवनरक्षा (survival) का प्रमुख साधन है : उनकी अपेक्षा बुद्धि की भूमिका गौण होती है।

इतिहास और मिथक

रामायण और महाभारत इस हद तक भारतीय जनमानस में रचे बसे हैं कि लगता है आज भी अगर उस जनमानस तक कोई सन्देशा पहुँचाना है तो वह इन दोनों महाकाव्यों के माध्यम से भी पहुँचाया जा सकता है। चाहे वह सन्देशा आधुनिक हो या प्राचीन, ये दोनों स्रोत उसके लिए एक सहज जनमार्ग की तरह हैं, जो कभी भी पुराने नहीं पड़े—उन पर लगातार आवाजाही और चहल-पहल रही है। वाल्मीकि के राम से लेकर गांधी के राम तक एक अटूट परम्परा है।

रामायण के राम और महाभारत के कृष्ण मिलकर भारतीय मानस की वह बृहत् भावभूमि बनाते हैं जिनके पीछे हज़ारों साल का मिथकीय इतिहास है—जिसे घटनात्मक इतिहास से अलग करके समझना ज़रूरी है। इतिहास मरता है, पर मिथक कभी नहीं मरता। मिथक बार-बार जन्मता है और हर बार पहले से कहीं अधिक सशक्त और प्रभावी होकर हमारे समय में उपस्थित रहता है। उनका तथ्यपरक इतिहास खोजना उतना ही ख़तरनाक और घातक हो सकता है जितना तथ्यपरक इतिहास को मिथक बनाना।

बाबरी मस्जिद इतिहास है मिथक नहीं, लेकिन जब उसे रामजन्मभूमि के मिथक से जोड़ा जाता है तब मानो मरे हुए इतिहास का एक विकराल रूप असाधारण ग़ैबी ताक़त से फ्रैन्केन्सटाइन की तरह जी उठता है और आदमी के लिए एक मुसीबत बन जाता है।

इतिहास को मिथक बनाने की प्रवृत्ति उसको जीवित रखने की एक युक्ति है। आउश्टविट्ज (Auschwitz), द्वितीय महायुद्ध के दौरान जर्मन यातना शिविर, के द्वार पर एक पंक्ति लिखी है—"जो इतिहास को भुला देंगे, वे उसे दुहराने के लिए अभिशप्त हैं।" मुझे लगता है यदि हम बहुत कुछ को भूल नहीं जाएँगे तो कभी-न-कभी फिर उसे दुहराने के लिए अभिशप्त हैं। मनुष्य को केवल 'स्मृति' नहीं 'विस्मृति' भी दी गई है—और दोनों का ही जीवन को स्वस्थ रखने में आत्यन्तिक महत्त्व है। क्या भूलें क्या याद रखें यह विवेक की बात है, जिसका सम्बन्ध मनुष्य की बुद्धिमत्ता से है। अगर हम आज आपस में मधुर सम्बन्ध

चाहते हैं तो हमें इतिहास में जो सब हुआ उसमें से बहुत कुछ को भूल जाना पड़ेगा; और ऐसे बहुत कुछ को न केवल याद रखना होगा, बल्कि बार-बार दुहराते रहना होगा, जो हमारे बीच मैत्री और प्यार को बढ़ावा दे—न कि नफ़रत और हिंसा को।

– 2011

निजी और सामाजिक

साहित्य और कलाओं का किसी भी रूप में मान्यता पाना मनुष्य की एक बड़ी सांस्कृतिक चेष्टा को रेखांकित करने जैसा है। कविता से मेरा पहला और हार्दिक लगाव रहा है। उस क्षेत्र में मेरा जो भी थोड़ा बहुत काम सामने आया है उसको लेकर मेरे मन में कभी कोई बहुत बड़ी महत्वाकांक्षा नहीं रही। एक कवि का सबसे बड़ा सम्मान उसके पाठक प्रशंसक होते हैं : किसी भी राजकीय अथवा संस्थानीय सम्मान को मैं उसी बृहत्तर स्वीकृति का हिस्सा मानता हूँ। कुछ-कुछ इसी रूप में मैंने मनुष्य के प्रति अपनी साहित्यिक ज़िम्मेदारी को भी समझने-समझाने की कोशिश की है। मनुष्य के निजी और सामाजिक अर्थ को कुछ इस तरह विस्तृत करना चाहा है कि दोनों एक-दूसरे के पूरक हैं न कि प्रतिद्वन्द्वी। केवल संघर्ष, द्वन्द्व और युद्ध की भाषा में हम जीवन के उस मूलाधार को नही समझ सकते जिसकी गहरी जड़ें हमारी प्रेम, करुणा, मैत्री जैसी उदात्त भावनाओं में है। साहित्य और कलाओं की दुनिया इन्हीं भावनाओं की दुनिया है—और यह छोटी दुनिया नहीं है।

श्रेष्ठ कलाएँ और उदार शिक्षा हमारे अन्दर ऐसे संस्कार डालते हैं कि हमारा मानसिक परिवेश अधिक विस्तृत, सहिष्णु और समावेशी बन सके।

शिक्षा के क्षेत्र में मुक्त विश्वविद्यालय की परिकल्पना एक सराहनीय प्रयोग रहा है। इसने शिक्षा की सम्भावना को समाज के उन वर्गों के लिए भी सहज बनाया है जो आमतौर पर स्कूलों, कॉलेजों या विश्वविद्यालयों में विधिवत् दाख़िला लेकर पढ़ाई नहीं कर सकते—जो दूसरे काम-धन्धों में लगे रहकर भी अपने को शिक्षित कर सकते हैं। यह एक बहुत बड़ी सुविधा है तथा एक स्वस्थ प्रजातंत्र के संचालन में इसका महत्त्वपूर्ण योगदान है। देश की सर्वांगीण उन्नति के लिए जहाँ वैज्ञानिक, तकनीकी, मैनेजमेंट आदि सम्बन्धी शिक्षाएँ ज़रूरी हैं, वहीं यह भी ज़रूरी है कि आम नागरिक अपनी सामाजिक, नैतिक और राजनैतिक ज़िम्मेदारियों और अधिकारों के प्रति भी सतर्कता बरत सकने में सक्षम हो।

– राजर्षि टंडन मुक्त विश्वविद्यालय द्वारा डी. लिट. की मानद उपाधि के अवसर पर, 2004

साहित्य के सामाजिक सरोकार के माने

साहित्य के प्रमुख सरोकार, मोटे तौर पर, चार क्षेत्रों में फैले हुए माने जा सकते हैं—सामाजिक, सांस्कृतिक, नैतिक और पाठकीय। बातचीत के दौरान मुख्यतः 'सामाजिक' को केन्द्र में रखकर, शेष तीन बिन्दुओं को सन्दर्भ में रखते हुए, कुछ बातें कहूँगा। साहित्य और पाठक चौथा बिन्दु, यानी 'पाठक-वर्ग', का इस चर्चा में रखा जाना शायद कुछ चौंकाये, लेकिन मैं उसे साहित्यिक सरोकार का एक बहुत ज़रूरी, बल्कि अनिवार्य, हिस्सा मानता हूँ—चाहे वह 'आम' पाठक हो या विशिष्ट पाठक। संगोष्ठियों में बहुधा लेखक के पक्ष की ही समस्याओं का ज़िक्र होता है, पाठक का पक्ष उपेक्षित रह जाता है। मेरी धारणा है कि पाठक को शामिल मानकर अगर बातें हों तो लेखक की समस्याओं पर भी बेहतर ढंग से विचार किया जा सकता है। नाटकों में दर्शक की उपस्थिति का हमेशा ही विशेष ध्यान रखा जाता रहा है। नाटक और दर्शक के बीच कई ऐसी कड़ियाँ होती थीं जो नाट्य-प्रदर्शन और दर्शक को सीधे जोड़ती थीं—और दोनों के बीच एक जीवंत संवाद की स्थिति बनाती थीं—जैसे सूत्रधार, कोरस, प्राश्निक आदि। इन 'कड़ियों' का नाटक के शास्त्रीय और जानकार समीक्षकों से बिलकुल अलग महत्त्व होता था। समीक्षक जहाँ नाटक के गूढ़ साहित्यिक गुणों का शास्त्रीय विवेचन, विश्लेषण और मूल्यांकन करता था, वहाँ दर्शक और नाट्य-प्रस्तुतियों के बीच कोरस, सूत्रधार, प्राश्निक आदि की व्यवस्था दर्शक को नाटक से सीधे जोड़ती थी। यानी रचनाकार और शास्त्रीय समीक्षक के अलावा भी अनेक ऐसे माध्यम होते थे जो एक साहित्यिक रचना को सामान्य दर्शक/पाठक के लिए सुलभ बनाते थे।

क्या कविता और उसके पाठकों के बीच भी ऐसी कोई व्यवस्था थी, है या हो सकती है। यानी कवि और कविता की शास्त्रीय समीक्षकों से अलग भी ऐसे माध्यमों के लिए जगह बनती है जो कविता को पाठकों तक पहुँचाएँ और उसकी रुचि को कविता की ओर आकृष्ट करें। जटिल और गूढ़ विषयों को जनमानस

तक पहुँचाने में भाष्यकार, व्याख्याकार, टीकाकार आदि की असाधारण भूमिका रही है। इनका काम शास्त्रीय आलोचकों से थोड़ा हटकर भी था तथा रचनाकार, विचारकों तथा पाण्डित्यपूर्ण समीक्षाओं को अपने में समेटे हुए भी। इनके द्वारा ही जनरुचि परिष्कृत और प्रशिक्षित होती थी।

मुझे लगता है आज की हिन्दी कविता और विचार-समीक्षकों से अलग की यह कड़ी कमज़ोर है। शिक्षा संस्थानों द्वारा यह काम थोड़ा-बहुत हो रहा है पर विशिष्ट और सीमित दायरे में ही।

आधुनिक काव्यान्दोलनों से जुड़े अनेक व्याख्यापरक ऐसे काव्य-संकलन और संवेदनशील टीकाएँ याद आती हैं जिनके द्वारा इस आन्दोलन की ज़रूरत और जटिलताओं को सही परिप्रेक्ष्य में समझने में मदद मिली। इस दिशा में अच्छे काव्य-संकलनों और संचयनों का महत्त्व तो था ही, साथ ही उन नोट्स और भाष्यों का भी उनसे कहीं अधिक योगदान था जिन्होंने कविता के सन्दर्भ में आधुनिकता के आशय को समझाने में मदद की। हम लोगों में से बहुतों को 'पेंगुइन न्यू राइटिंग' भी याद होगी जिसने जॉन लेमान के सम्पादकत्व में आधुनिक आन्दोलन को विश्वव्यापी विस्तार दिया। अंग्रेज़ी में ऐसे तमाम प्रयासों को याद किया जा सकता है जिन्होंने नई कविता को अगर एक ओर पाठकों से जोड़ा तो दूसरी ओर समीक्षा और नई समीक्षा को भी परिप्रेक्ष्य में रखा।

साहित्य और समाज में—ख़ासकर पिछली और इस सदी में—वैज्ञानिक विचारों और चिन्तन-पद्धति का लगभग सभी अनुशासनों और विषयों पर गहरा दबाव रहा है। इसने हमारी जीवन-दृष्टि और विश्व-दृष्टि को कई स्तरों पर बदला है। आइन्स्टाइन के सापेक्षतावाद ने 'समय' को लेकर नई तरह से सोचने पर बाध्य किया। फ्रायड के मनोविश्लेषण ने मनुष्य के आन्तरिक और मानसिक जीवन पर नई रोशनी डाली। इसी तरह मार्क्स के सामाजिक, आर्थिक और राजनीतिक चिन्तन/विश्लेषण ने उनके आपसी रिश्तों के सोचने के ढंग में क्रान्तिकारी पहल की, समाज में हो रहे शोषण और अन्याय के प्रति हमारी आँखें खोलीं। इन विचारों के बीज से नई-नई शाखाएँ-प्रशाखाएँ प्रस्फुटित हुईं। साहित्य में आधुनिकता को आधार मिला।

पिछली सदी में 'सामाजिक' का अर्थ—औसत चिन्तन में—आर्थिक-व्यावसायिक यथार्थ और राजनीतिक यथार्थ में सीमित हुआ है। कुछ इस तरह कि 'सामाजिक यथार्थ' मूलतः भौतिक और स्थूल है। जितना सामने दिखाई दे रहा—स्पर्शनीय और स्थूल—प्रमुखतः उतना ही यथार्थ प्रामाणिक है। शेष कल्पित और अनुमानित है, अतः गौण। इससे 'सामाजिक यथार्थ' की परिभाषा लगभग अपारदर्शी हो गई।

समाज की सामूहिक चेतना और उसका एक अन्तर्मन भी है, यह बात हाशिए में या फुटनोट में चली गई! इसका समाज के नैतिक-आत्मबोध पर उलटा असर पड़ा। भ्रष्टाचार, वणिक-वृत्ति और सत्ता-लोलुपता पर कोई आत्मिक नियंत्रण न रहा। जिस लड़ाई को गांधी ने नैतिकता के बल पर जीता उसकी चारित्रिक आत्मशक्ति क्षीण पड़ गई। इससे आगे चलकर उपभोक्तावाद को भी पनपने में मदद मिली।

साहित्य के लिए यह 'संकट' केवल 'वस्तुवाद' बनाम 'आत्मवाद' का नहीं है, समाज के उस पूरे व्यक्तित्व के क्षरण का है जिसे साहित्य सम्बोधित करता है। उस व्यक्तित्व के अगर कुछ आयाम ही बचें, अगर उसका आत्मिक, चेतन और बौद्धिक पक्ष दूषित या निश्चेष्ट हो जाए, तो साहित्य का समाज से संवाद और लेन-देन का काम अधूरा या बेकार-सा प्रतीत होने लगेगा। मैं जब भी साहित्य के सरोकारों के बारे में सोचता हूँ, समाज के इसी 'सम्पूर्ण व्यक्तित्व' को सोचता हूँ जिसमें आत्मिक और वास्तविक दोनों ही ज़रूरी हैं। ध्यान जाता है कि इसी देश में जब राजनीतिक परिस्थितियाँ बिलकुल छिन्न-भिन्न थीं, भक्ति-कालीन काव्य और कलाओं ने पूरे भारतीय समाज को एक भावनात्मक मन दिया जो हज़ार वर्षों से अब तक जीवित है। अन्य किसी देश में ऐसा उदाहरण नहीं मिलता कि इतनी बड़ी सामाजिक क्रान्ति का आधार केवल कविता और कलाएँ रही हों। साहित्य के लिए इस सामाजिक चेतना का विशेष महत्त्व है जिसके साथ वह लगातार संवाद और जिरह करता रह सके।

साहित्य का सरोकार केवल ज़मीनी यथार्थ तक सीमित नहीं है। समाज का जो सामूहिक मन और अन्तरात्मा या अंतःकरण है—साहित्य के लिए, ख़ासकर कविता के लिए, उसका यह 'परोक्ष' आयाम भी उतना ही बड़ा यथार्थ है जितना उसका ज़मीनी यथार्थ।

यह 'परोक्ष' क्या है—इसे ठीक से समझना ज़रूरी है। वह पलायन नहीं है क्योंकि हमारे जीवन को केवल 'ठोस' यथार्थ ही नहीं प्रभावित करता है, 'अ-ठोस' अवधारणाएँ, स्मृतियाँ, इतिहास, विचार, श्रद्धाएँ, आशंकाएँ आदि भी प्रभावित करती हैं। उनका निश्चित अस्तित्व है क्योंकि वे हमारे सम्पूर्ण जीवन के संकल्पों और विकल्पों में रचे-बसे हैं।

'समय' या 'काल-बोध' समाज के इस अव्यक्त व्यक्तित्व को वह चौथा आयाम देता है जो अकसर अस्पष्ट होते हुए भी नगण्य नहीं है। वह अतीत जो मर चुका है, पूरी तरह कभी नहीं मरता। हमारे आज के संस्कारों, आचार-विचार, चरित्रों और मनोविज्ञान को समझने के लिए वह एक ज़रूरी परिप्रेक्ष्य बनाता है।

कालान्तर में बहुत कुछ नष्ट हो जाता है तो बहुत कुछ ऐसा भी है जो परम्परा के रूप में बचा रह जाता है। उस बचे रह गए के गुण-दोष का विवेचन भी साहित्य का एक प्रमुख सरोकार है।

साहित्य की विभिन्न विधाएँ अपनी-अपनी तरह से 'समाज' या 'सामाजिक' के अर्थ को विस्तृत, संशोधित, परिभाषित और सम्प्रेषित करती हैं। 'समाज' का कोई एक ही अर्थ सब विधाओं को एक-सा मान्य हो यह ज़रूरी नहीं। याद करें कि 20वीं सदी के शुरुआती वर्षों में जब प्रसिद्ध मार्क्सवादी विचारक लूकाच का दबदबा था, उसके द्वारा उपन्यासों के गहन अध्ययनों से निकले सिद्धान्तों को कविता पर भी लागू किया जाने लगा था। इस पर ब्रेख़्त ने आपत्ति करते हुए कविता की स्वायत्तता की आवाज़ उठाई थी। मसलन, राजनीतिक-आर्थिक आग्रहों से समाज को परिभाषित करना या देखना ज़रूरी है पर इस तरह नहीं कि समाज की सांस्कृतिक चेतना नगण्य प्रतीत हो। समाज की बृहत्तर चेतना के साथ ही साहित्य और कलाओं का घनिष्ठ और आत्मीय संवाद हो पाता है। संवाद की यह कोशिश ही साहित्य और विशेषतः काव्य-भाषा को बहुआयामी बनाती है। भाषा के प्रति कविता साहित्य की सबसे संवेदनशील विधा है। भाषा में लगातार होते रहनेवाले परिवर्तनों को कविता अपनी तरह अनायास ग्रहण और आत्मसात करती है जो उसकी रचनात्मकता का हिस्सा बन जाते हैं—पर कविता के लिए किसी प्रकार की सीमा या बाध्यता नहीं बनते। भाषा के विभिन्न 'प्रकारों' का कविता में आना किसी कवि की रचनात्मक ज़रूरतों का भी हिस्सा हो सकता है। एक ही कवि 'राम की शक्तिपूजा', 'जूही की कली', 'सरोज-स्मृति', 'कुकुरमुत्ता', 'मास्को डायलॉग', 'खजोहरा' जैसी कविताएँ देने में न केवल काव्यानुभवों बल्कि भाषाई अनुभवों का भी एक बृहत् वितान रचता है। यह उन प्रयासों से तुलनीय नहीं है जिनमें किसी एक ही प्रकार की भाषा काव्य का आधार रहती है।

इतना ही काफ़ी नहीं कि साहित्य जीवन के दैनिक और व्यावहारिक पक्ष से ही अपनी पहचान बनाए। समाज का आत्मिक और नैतिक पक्ष भी उभरे, यह भी उतना ही ज़रूरी है।

– भारतीय भाषा परिषद्, कोलकाता, 2007

साहित्य के सामाजिक-सांस्कृतिक आयाम

कुछ समय पहले Ronan McDonald (मैक्डोनल्ड) की एक पुस्तक 'The Death of the Critic' (समीक्षक की मृत्यु) प्रकाशित हुई थी। साहित्यिक पत्रिका Times Literary Supplement में पुस्तक पर विचार करते हुए John Mullan ने कुछ बातों की ओर ध्यान खींचा था।

1. पिछले तीन दशकों में ब्रिटेन की अनेक यूनिवर्सिटियों में पेशेवर विद्वान प्रोफेसर्स और समीक्षकों ने साहित्यिक समीक्षक की सार्वजनिक उपयोगिता पर ही सन्देह प्रकट किया है। मैक्डोनल्ड के अनुसार अगर उच्च कोटि के साहित्यिक समीक्षक पब्लिक समीक्षक नहीं हैं तो फिर विश्वविद्यालयों के बाहर उनका क्या महत्त्व बचता है?

2. पुस्तक का एक खंड है 'We Are All Critics Now' जिसमें मैक्डोनल्ड ने ब्लॉग्ज़, पाठक, समीक्षा, अख़बार, टीवी आदि सभी को समेटते हुए टिप्पणी की है कि अच्छे समीक्षकों के किनारे हट जाने से साहित्य की पसन्द का जनतांत्रीकरण नहीं हुआ, बल्कि इससे दुहराव और रूढ़िवादिता बढ़ी है। यह पाठक-शक्ति का उत्थान नहीं है बल्कि इससे विविधता सीमित हुई है, और चुनाव कर सकने की सामग्री और क्षमता की रेंज में कमी आई है। इस तर्क पर, कि रुचि और पसन्द का मामला बिलकुल निजी होता है, मैक्डोनल्ड का कहना है कि सांस्कृतिक मूल्य और मूल्यांकन यद्यपि निर्वैयक्तिक तो नहीं होते पर सामाजिक और सामूहिक रुचियों का घनिष्ठ हिस्सा भी होते हैं, और इसलिए उनके गुण-दोष पर सहमति-असहमति की पूरी गुंजाइश है। इस मामले में जो सुधी समीक्षक-वर्ग हमारी मदद कर सकता था, वह अगर अपने को अलग कर लेता है तो यह दुर्भाग्यपूर्ण है। जहाँ चित्रकला, संगीत, फ़िल्मों आदि में कुशल समीक्षकों का हस्तक्षेप बढ़ा है वहाँ साहित्य में उनकी बढ़ती तटस्थता चिंतनीय है।

3. पुस्तक के अन्तिम अध्याय में संरचनावाद और उत्तर-संरचनावाद की बात करते हुए मैक्डोनल्ड ने सांस्कृतिक अध्ययनों (cultural studies) की बात उठाई

है। उनकी नज़र में समीक्षक के 'अन्त' की दोषी सैद्धान्तिक समीक्षा (Literary Theory) न होकर दरअसल सांस्कृतिक अध्ययन हैं। मूल्यांकन के तरीक़ों में उच्च कोटि, मध्य कोटि, निम्न कोटि जैसे स्तरीकरण पूर्णतः वस्तुपरक (objective) हो सकते हैं इसमें सन्देह है। ('वर्ग' की ही तरह 'स्तरीयता' का नुस्ख़ा भी हर जगह बराबर से लागू नहीं होता, लेकिन उन्हें कहीं भी लागू कर लेने की सहूलियत एक आदत-सी बन गई है। ख़ास कठिनाई कलाओं के सन्दर्भ में होती है।)

4. मैक्डोनल्ड के निष्कर्ष में थोड़ी अस्पष्टता है। पर, रचनात्मक लेखन का पक्ष लेते हुए वे कहते हैं–कि कलाकार और समीक्षक के बीच संवाद से रचनात्मक ऊर्जा उत्पन्न होती है तथा नए प्रकारों की रचनाशीलता और नई प्रयोगशीलताएँ प्रोत्साहित होती हैं। किताब की बहसों से यह नतीजा भी निकलता जान पड़ता है कि इधर कलाओं को सुन्दरता की दृष्टि से देखने की अपेक्षा राजनीतिक दृष्टि से देखने के कारण उनकी गुणवत्ता में गिरावट आई है।

पुस्तक की बातों को पृष्ठभूमि में रखते हुए यहाँ मैं दो बातों पर ख़ासतौर पर कुछ अपने विचार रखना चाहूँगा।

1. सामाजिक चेतना के आयाम–(यानी सामाजिक चेतना) और
2. सांस्कृतिक अध्ययन

सामाजिक चेतना

पिछली सदी में सामाजिक चेतना के आयाम राजनीति और आर्थिक के साथ कुछ इस तरह नत्थी हो गए हैं मानों समाज की कोई अपनी स्वतंत्र या स्वायत्त चेतना न होकर आर्थिक-राजनीतिक पर आश्रित चेतना हो। सामाजिक-राजनीतिक आर्थिक का एक ऐसा दुरूह त्रिकोण (nexus) बन गया कि उसके पीछे सामाजिक चेतना झाँकती हुई तो यदा-कदा दिख जाती थी, पर नितान्त भौतिक दृष्टिकोण के नीचे दबी और बुझी-सी। इस सामूहिक चेतना को भी चतुर तर्क द्वारा व्यक्ति की शिखर-चेतना और जन की आधार-चेतना में विभाजित करके सामने रखा जाता रहा है। फलतः साहित्यिक चेतना को भी स्वतंत्र मान्यता न देकर उपरोक्त nexus के ही तहत सोचा-विचारा जाता रहा। सफल साहित्य की एक शर्त और निशानी यह मान ली गई कि वह राजनीतिक-आर्थिक मसलों के कितना नज़दीक है–यह नहीं कि वह जन और जीवन-चेतना के कितना नज़दीक है! इस nexus से बाहर निकलकर सामाजिक-चेतना (उसके शिखर और आधार दोनों को जोड़ते हुए) को सीधे सम्बोधित करना न केवल साहित्य बल्कि समाज की भी आज़ाद चेतना को

प्रमुख रखकर, संवाद की कोशिश है। आर्थिक-राजनीतिक मसले कतई नगण्य नहीं हैं, लेकिन सामाजिक चेतना की अपनी स्वायत्तता को सबसे ऊपर रखे बिना उस लड़ाई को भी जीता नहीं जा सकता जिसे हमें आर्थिक और राजनीतिक अन्यायों के विरुद्ध लड़ना है। जन या सामाजिक चेतना भौतिक ताक़तों की ग़ुलाम नहीं है; अपने में एक आत्मिक-शक्ति भी है, इसका सबसे बड़ा प्रमाण गांधी जीवन दर्शन है।

सांस्कृतिक अध्ययन

कुछ समय पहले 'नव-ऐतिहासिकतावाद' (neo-historism), जिसका नाम बाद में बदलकर 'सांस्कृतिक काव्य-शास्त्र' (cultural poetics) कर दिया गया है, ने इस बात पर ज़ोर दिया कि इतिहास का अध्ययन केवल राजनीतिक ही नहीं सांस्कृतिक दृष्टि से भी किया जाना चाहिए। ग्रीनब्लाट (Stephen J. Greenblatt) ने renaissance के अध्ययन में शेक्सपियर के ऐतिहासिक नाटकों को आधार बनाकर एलिज़ाबेथ-कालीन शाही ताम-झाम को आड़े हाथों लिया है। सांस्कृतिक गतिविधियों और कला-वस्तुओं (artefacts) की अपनी भाषा और दृष्टि होती है। उनके माध्यम से भी जीवन और राजनीतिक हथकंडों को देखा जाना ज़रूरी है।

सामाजिक और साहित्यिक चेतना के बीच सीधा संवाद ज़रूरी है। यह संवाद जब राजनीतिक-आर्थिक भाषा के ज़रिये या मार्फ़त होता है तो साहित्य की अपनी भाषा—जो मूलतः निजी सम्बन्धों की अत्यन्त संवेदनशील मानवीय भाषा है—धीरे-धीरे निस्तेज होने लगती है। तार्किक, तकनीकी और औद्योगिक, प्रशासकीय तथा व्यावसायिक भाषाओं में जीवन के उन आत्मिक, नैतिक, भावनात्मक, कल्पनाशील सौन्दर्यपरक पक्षों को पूरी संवेदनशीलता से नहीं व्यक्त कर सकते जिन पर संसार के महान् साहित्य आधारित हैं।

औद्योगिक, व्यावसायिक और तकनीकी दुनिया में जैसे-जैसे भाषा का मतलब स्थूल अर्थों से जुड़ता जाता है, भाषा के अत्यन्त नाजुक संवेदन-तन्तुओं का क्षरण होना लाज़िम है। कलाओं की भाषा व्यावहारिक नहीं लगती—यह आक्षेप अपने आप में भाषा के एक अत्यन्त सुसंस्कृत पक्ष के प्रति बदसलूक़ी है।

मौजूदा वक़्त में इस ह्रास को एक 'विभक्त चेतना' के रूप में देखा और समझा जा सकता है—गोया 'व्यक्ति-चेतना' अलग है और 'जन-चेतना' (सामाजिक/सामूहिक) अलग है और वे दोनों एक-दूसरे के पूरक नहीं प्रतिद्वन्द्वी हैं!

साहित्य और कलाएँ इस तरह, विश्लेषणात्मक ढंग से, नहीं सोचतीं। जीवन को उसकी समग्रता में सोचती हैं–उसकी जटिलताओं, अन्तर्विरोधों, अन्तर्द्वन्द्वों और विविधताओं को आत्मसात् करते हुए एक रचनाकार की तरह सोचती और बरतती हैं। इस प्रक्रिया का विश्लेषणात्मक सरलीकरण नहीं हो सकता। ऐसा करते ही उसकी 'जैविक प्रामाणिकता' सन्देहास्पद हो जाती है। वह एक यंत्र में बदल जाती है। साहित्य की आवाज़ इस 'यंत्र' की आवाज़ नहीं है, उस आदमी की आवाज़ है जिसे बचाए रखना उसकी कोशिश भी है और कर्त्तव्य भी।

– 2008

छोटी जगहों में बड़े सांस्कृतिक आयोजन

'विमलादेवी फाउन्डेशन न्यास' ने एक वर्ष के थोड़े-से समय में साहित्य और संगीत के क्षेत्र में एक विशिष्ट जगह बनायी है। एक संस्था बना लेना आसान है पर उसे प्रभावी ढंग से चलाने के लिए जिस तरह के उद्यम, लगन और योग्यता की ज़रूरत है वह यही है। विमलेन्द्र मोहन प्रताप मिश्र, यतीन्द्र मिश्र और पूरे परिवार का प्रयास सराहनीय है। एक राजघराने और अयोध्या जैसी छोटी-सी जगह में न्यास की कल्पना तो की जा सकती है किन्तु साहित्य और संगीत को लेकर इस तरह की जागरूकता सुखद आश्चर्य में डालती है। फ़ैज़ाबाद-अयोध्या मेरे जन्म और बचपन से जुड़े हुए स्थान हैं। इन जगहों में इस तरह के सफल प्रयासों को देखना विशेष सन्तोष देता है। वर्षों बाद यतीन्द्र के माध्यम से इतने साहित्यिक और सांस्कृतिक ढंग से अयोध्या से फिर जुड़ना मेरे लिए एक प्रिय और रोमांचक अनुभव भी है। जिस अयोध्या के साथ राम और रामायण जैसे महानायक और महाकाव्य की उज्ज्वल छवि जुड़ी हो उसमें बाबरी मस्जिद के विध्वंस-कांड का भी जुड़ना शायद हमारी संस्कृति का सबसे दुर्भाग्यपूर्ण प्रकरण रहा है। आज दुनियाभर में अयोध्या अगर केवल राम मन्दिर और बाबरी मस्जिद के विवाद से चर्चित हो तो यह दुखद है और एक शिक्षित, उदार और प्रबुद्ध चेतना के लिए इसे स्वीकार करना मुश्किल हो जाता है। आज अयोध्या की एक नई और सुखद पहचान बन रही है तो यह सबके लिए ख़ुशी की बात है।

यहाँ से 'सहित' और 'थाती' जैसी उत्कृष्ट पत्रिकाओं का निकलना भी अपने आप में एक महत्त्वपूर्ण साहित्यिक घटना है। साहित्यकारों और कलाकारों का–विशेषकर संगीतकारों का–जो व्यापक सहयोग इस संस्था को मिला है उसका भी श्रेय आयोजकों को जाता है जिनमें वह विनम्रता और कलाओं के लिए गहरा आदर है जिसके बिना इस क्षेत्र में कोई भी काम इतने सुरुचिपूर्ण ढंग से सम्पन्न नहीं हो सकता। विनम्रता की ताक़त को पहचानना और उसे व्यावहारिक रूप दे पाना एक तरह से कलाओं की भीतरी शक्ति को पहचानना है क्योंकि वे उदारतम अर्थों

में मनुष्य के कल्याण की बात सोचती हैं। कलाएँ हम से प्रेम और सुन्दरता की भाषा में बोलती हैं इसलिए सहज ही हमारा मन जीत लेती हैं। 'सहित' और 'थाती' जैसी पत्रिकाओं को देखकर हमारा ध्यान बरबस इस सचाई की ओर भी जाता है कि हिन्दी साहित्य का इतिहास बनाने में इस तरह के लघु प्रयासों और छोटी जगहों का योगदान बहुत बड़ा रहा है। यही बात हिन्दी साहित्य और महाकाव्यों के लिए भी सही है कि वे दिल्ली दरबारों से नहीं हिन्दी प्रदेश में फैली अनेक छोटी जगहों से आते रहे हैं। मेरा संकेत 'पद्मावत' और 'रामचरितमानस' की ओर भी है और अपने समय के निराला और मुक्तिबोध जैसे कवियों की ओर भी।

नई सदी का पहला वर्ष अब लगभग समाप्ति पर है। युद्ध और विनाश के एक बेहद नाज़ुक बिन्दु पर हम फिर खड़े हैं—अनेक भयानक दुश्चिन्ताओं से घिरे हुए। विश्व अ-शान्ति की एक नई भूमिका बन रही है। लगता है कि अपने सारे राजनैतिक, वैज्ञानिक और दार्शनिक चिन्तन के बावजूद हम युद्ध और कलह के ख़िलाफ ऐसी किसी मानसिकता और समझ का विकास नहीं कर पाये हैं जो युद्ध जैसी नितान्त बर्बर चेष्टा को आज के समय में बिलकुल अप्रासंगिक कर दे। साहित्य और कलाओं को लेकर एक सवाल मुझे अक्सर घेरता है—अपनी ओर से भी लेकिन दूसरों की ओर से ज़्यादा। कविता को सामने रखकर बात करूँगा जो अन्य साहित्यिक विधाओं और कलाओं पर भी लागू होती है।

क्या उपयोगिता है कविता की हमारे जीवन में जो दैनिक व्यस्तताओं और मजबूरियों से घिरा है? क्या वह हमारा बोझ हलका कर सकती है? क्या वह हमारी ज़िन्दगी को बेहतर बना सकती है? या, वह केवल दिल बहलाव के लिए है? पता नहीं इस तरह के सवाल कितने जायज़ हैं...पर एक बात मन में उठती है—अगर एक सफ़र पर निकला हूँ तो तुलसी या ग़ालिब मेरा बक्स-बिस्तर उठाने नहीं आयेंगे : अगर आएँ भी तो उन्हें मैं ऐसा नहीं करने दूँगा! लेकिन उस सफ़र में अगर मुझे एक तुलसी या ग़ालिब का साथ भी मिल जाए तो हज़ार बार ऐसे सफ़र करने को तैयार हूँ! कविता हमारा बोझ नहीं ढो सकती, लेकिन हमें अपना बोझ ढोने की हिम्मत और नैतिक शक्ति ज़रूर दे सकती है। कविता का ज़िन्दगी को सोचने का एक अपना तरीक़ा है : वह भावनाओं, कल्पनाओं, प्रतीकों आदि के माध्यम से जीवन को सोचती है—जैसे दर्शन में हम मुख्यतः तर्क और प्रमाणों के द्वारा, विज्ञान में तथ्यों और आंकड़ों के द्वारा और आर्थिक और सामाजिक समस्याओं को व्यावहारिक और राजकीय तरीक़ों से सोचते हैं। जीवन के लिए अन्ततः सभी की उपयोगिता है, पर सभी एक ही तरह से उपयोगी नहीं होते—

अपनी-अपनी तरह उपयोगी होते हैं। उनके वर्ग एक-दूसरे को छूते हैं पर एक-दूसरे को रद्द नहीं करते। वे एक-दूसरे के लिए प्रेरक भी बन सकते हैं।

जब भी हमारे जीवन में यह सन्देह उठे कि क्या आज हमारे जीवन में साहित्य की कोई सार्थकता बची है उससे पहले हमें अपने से पूरी ईमानदारी से पूछना चाहिए कि आज हम जिस तरह की जीवन-शैली को बना रहे हैं क्या उसमें हमने कविता और कलाओं जैसी चेष्टाओं के लिए भी कोई जगह बचा रखी है? अगर कविता की जीवन में कोई उपयोगिता है तो उसे चीज़ों और लोगों की भीड़ में नहीं शायद अस्तित्व के उस निर्मम यथार्थ में खोजना होगा जहाँ हम बिलकुल अकेले होते हैं। जब हम महसूस करते हैं कि इस अकेलेपन को केवल चीज़ों से नहीं भरा जा सकता : उसके लिए एक ऐसी अनुभूति भी चाहिए जिसमें प्रेम या विश्वास जैसा उदात्त कुछ भी शामिल हो। यही वे क्षण हैं जब हम जीवन के वैभव और उदासी को एक साथ अनुभव करते हैं...शायद आत्म-निरीक्षण के सबसे निष्पक्ष और उदार पल भी ये ही होते हैं और अपने-पराये का भेद मिट-सा जाता है...। साहित्य और कलाएँ हमारे जीवन को सीधे तो नहीं बदल सकतीं लेकिन हमारे सोचने के ढंग को बदलने में ज़रूर उनकी एक सहायक भूमिका होती है। ये यथार्थ को कभी दूर से देखतीं हैं ताकि दूर तक देख सकें, कभी पास से ताकि उसकी असलियत को पहचान सकें। यह देखना सतही देखना नहीं है : प्रकट और ओझल को, स्वप्न और सम्भव को, एक व्यापक मानवीय दृष्टि की समग्रता में देखने की कोशिश है।

रचनात्मक मानसिकता जीवन को प्रमुखतः 'विलगाव' की भाषा में नहीं सोचती। कलाओं का सशक्त जीवन-बोध न केवल विभिन्नताओं को स्वीकार करता है बल्कि उन्हीं से प्रेरणा और रचनात्मक ऊर्जा पाता है। दुनिया की श्रेष्ठतम कलाकृतियों को लेकर इसीलिए हमारा ध्यान अपने और पराये की ओर नहीं जाता, सबसे पहले उस सचाई और सौन्दर्य की ओर जाता है जिसमें हम सब एक मनुष्य होने की अनिवार्य नियति से जुड़े हैं। यह दृष्टि अपने को सबसे अलग करके नहीं देखती, सब में अपने को देखती है। यह हमारे सुख-दुख की भाषा है।

– 'विमलादेवी फाउन्डेशन न्यास', अयोध्या, के द्वितीय अधिवेशन के अवसर पर, 2001

शब्द-चिन्तन

मेरे लिए एक शब्द का मतलब केवल उसका मौजूदा या तात्कालिक अर्थ नहीं, उसका पूरा 'जीवन' है। वे तमाम अर्थ जो उससे ध्वनित और प्रति-ध्वनित होते हैं या हो सकते हैं। हर शब्द में उसके पूर्वानुभवों—स्मृतियों, इतिहासों, मिथकों आदि की यादें निहित होती हैं। लौकिक, अलौकिक, श्रुतियों, किंवदन्तियों आदि में बसी यादें...।

काव्य-रचना का अर्थ इन परोक्ष और अ-प्रत्यक्ष अर्थ-ध्वनियों का संयोजन भी है, यानी ऊपरी अर्थों के नीचे की सतहों का उत्खनन और आलोड़न भी।

जब हम कहते हैं कि "जिया हुआ यथार्थ" तो 'जिए हुए' और 'यथार्थ' दोनों के अर्थों का गहन अध्ययन ज़रूरी है। 'जिए हुए' से मतलब सिर्फ़ रोज़मर्रा के अनुभवों से है? या पढ़े हुए और सोचे हुए से भी?

एक माने में शब्द के साथ अब हमारे सम्बन्ध बदल गए हैं। हम शब्दों से भी उसी प्रकार के सीधे प्रभावों की उम्मीद करते हैं जैसी वस्तुओं से। किसी भी प्रकार के अमूर्त/प्रतीकात्मक/पराभौतिक चिन्तन को लेकर हम धीरज खो देते हैं। तुरन्त, ठोस और साकार सम्प्रेषण हम चाहते हैं। वैज्ञानिक तथ्यों के अनुरूप। वह शब्दों की बुनियादी प्रकृति के ही प्रतिकूल है। शब्द चिह्न-मात्र ही नहीं, ऐतिहासिक भी होते हैं, जिनके अभिप्रायों को नियम-विशेष के अनुसार 'पढ़ना' और 'रचना' होता है। उनके दूसरे शब्दों से साहचर्य (associations) और अभिचार (invocations) बिम्बों की अपेक्षा अधिक तरल और वायवीय होते हैं।

× × ×

पोलिश नाट्य निर्देशक ग्रोतोव्स्की ने एक बातचीत के दौरान कहा था कि कुछ शब्द मुर्दा हो गए हैं, फिर भी हम उन्हें ढो रहे हैं। उनकी जगह दूसरे शब्द लाने भर से काम नहीं चलेगा, क्योंकि उन शब्दों के 'अर्थ' मर चुके हैं। नए शब्दों से अधिक नए अर्थों की खोज ज़रूरी है। इस खोज के लिए साहसिकता और जोखिम

उठाते हुए हम अपने लिए ऐसा कुछ पा सकते हैं जिसे दूसरों तक पहुँचाना मूल्यवान हो।

'संस्कृति' शब्द मुझे एक बेहद थका हुआ शब्द लगता है : इसे किसी भी अर्थ की दासता स्वीकार है। इसका अपना स्वतंत्र व्यक्तित्व पूर्णतः विघटित हो चुका है। यह अब ऐसी किसी साहसिकता या जोखिम का परिणाम नहीं मालूम होता जिससे कभी प्राचीन भारतीय, यूनानी, मिस्री या रोमन सभ्यताएँ गुज़रते हुए इस शब्द के रोमांचक गौरव-मूल्यों को पा सकी थीं। यह शब्द अपना चौकन्नापन खो चुका है। आज जब हम 'मास-कल्चर' या 'जन-संस्कृति' की बात करते हैं तो संस्कृति के सामन्ती अर्थों को ख़ारिज तो करते हैं पर उनकी जगह किसी नए अर्थ को प्रतिष्ठित नहीं कर पाते। जन की जो एक सामूहिक सांस्कृतिक छवि बनती है वह इतनी अस्पष्ट है कि उससे 'संस्कृति' का कोई विशिष्ट और परिष्कृत अर्थ-सन्दर्भ उद्भासित नहीं होता—उसका अर्थ जन की दैनिक जीवनचर्या से लेकर लोक-कलाओं तक कुछ भी हो सकता है।

एक कवि की हैसियत से मेरे लिए यह बात ख़ास महत्त्व रखती है कि अपनी कविताओं में एक कवि केवल मौजूदा यथार्थ को ही नहीं एक विस्तृत और समग्र भाषा-बोध को भी जीता है। उसका भाषा-दर्शन भी उतना ही महत्त्वपूर्ण है जितना उसका जीवन-दर्शन। उसके लिए 'शब्द' केवल नींव का ईंट-गारा नहीं, उस खरे निर्माण की इकाइयाँ हैं जिससे उसकी रचना अस्तित्व में आती है। उसका वास्तु-कौशल केवल धरती की सतह तक सीमित नहीं, आसमानी ऊँचाइयों तक पहुँचता है।

कविता जीवन को भाषा में भी जीती, सोचती और व्यक्त करती है। इस भाषा-संसार में अपनी भी जीवन-शक्ति है जिसे वह जीवन से ही पाती और उसे ही लौटाती है। जैसे, एक फूलता-फलता वृक्ष जड़ों द्वारा पृथ्वी से रसायन सोखता है पर पृथ्वी तक ही सीमित नहीं रहता, उससे आगे और उससे परे तक फैलता है उसकी शाखाओं और प्रशाखाओं का रचना-विधान। यह केवल एक उद्‌गार नहीं, एक यथार्थ है कि भाषा की सामर्थ्य का अर्थ केवल स्थूल या भौतिक तक ही सीमित नहीं, उस सम्पूर्ण जीवन-क्षमता की अभिव्यक्ति है जो स्थान और समय की सीमाओं को भी लाँघ जाने में सक्षम है। एक बड़ी रचना हमारे अन्दर छिपी इस ऊर्जा को उत्प्रेरित करती है। यह अदम्य जीवन-बोध बार-बार जीवन में लौटता और उसकी कालजयी सामर्थ्य को स्मृति में जीवित रखता है। यह जीवन से पलायन या उसकी उपेक्षा नहीं, उससे निकलनेवाली शक्तियों का पुनर्वास है।

जीवन को अनेक तरह सोचा और विभिन्न स्तरों पर जिया जा सकता है। यह मानना कि कोई एक स्तर ही यथार्थ–अथवा अन्तिम यथार्थ–है, जीवन की चेतन-शक्ति का अपूर्ण एहसास है। जीवन विभिन्न युक्तियों से अपने को दृढ़ रखता है और यही उसके रचना-पक्ष का राज़ है।

इस रचना-पक्ष का अर्थ उस सम्पूर्ण स्थापत्य का नक़्शा है जो स्थूल पर स्थूल से भी बड़ा कुछ रच सकने में सक्षम होता है। कलाएँ–ख़ासकर भाषाई कलाएँ–हमें जीवन की इसी अदम्य ऊर्जा और रचना-शक्ति का स्पर्श कराती हैं। वे धरती से उठकर आकाश को छूने का हौसला रखती हैं।

यूटोपिया–मार्क्स की कविता–एक महास्वप्न

मार्क्स ने दुनिया को एक कविता दी–एक आदर्शलोक–एक महास्वप्न (utopia –a grand vision)। बौद्धों का 'नन्दनवन' याद आता है। बुद्ध के उपदेश याद आते हैं। मार्क्स के तर्कों से अधिक मार्क्स की यूटोपियन कविता ने लोगों का मन हर लिया। मार्क्स ने क्रान्ति के अपने संदेशों को वैज्ञानिक तर्क की भाषा और क्रान्ति की कार्यशाला दी। इस अभियान को लेकर मार्क्सवाद विश्व-विजय पर निकला। रूस को फ़तह किया, चीन को फ़तह किया। एक बार तो लगा कि वह पूरी दुनिया को जीत लेगा लेकिन ज़ल्दी ही सपना टूटा–हमें फिर उसी दुनिया के यथार्थ, उसके अन्तर्विरोधों में ढकेलकर जगाता हुआ। मार्क्स के सपने में वैज्ञानिक तर्क से अधिक काव्य-शक्ति की रोमैंटिक ऊर्जा का उन्मेष था।

हम सब सपने देखते हैं। कविता जीवन में है। आपसी सम्बन्धों, प्रकृति, जीवन-सम्बन्धों, तमाम लगावों और विषयों में है। और सबसे बढ़कर हमारी भाषा में है। हम उस ओर ध्यान दें तो शब्दों में, भाषा में, बिम्बों में, प्रतीकों में, व्याख्याओं में, विचार-विमर्श, दर्शन, तर्क-वितर्क और विज्ञान में भी, वह कवित्व मौजूद है जिससे हमारा बुनियादी सौन्दर्यबोध और नैतिकता-बोध बनता है। सौभाग्य से विभिन्न विषयों के बीच इतना द्वन्द्वमूलक रिश्ता नहीं है जितना हम आमतौर पर मान लेते हैं। कभी वर्ड्सवर्थ ने कहा था कि साधारण बोलचाल और दैनिक व्यवहार की भाषा में कविता रची जानी चाहिए : वह भाषा काव्यरहित नहीं, उसमें काव्य खोज सकने की क्षमता होनी चाहिए। मैं और आगे बढ़कर कहना चाहूँगा कि विज्ञान और तमाम ऐसे विषय हैं जिन्हें काव्यरहित मान लिया गया है : दरअसल वे भी उत्कृष्ट काव्य का स्रोत हो सकते हैं।

अगर हम कविता की ओर से आँखें बन्द कर लें तो इसका यह मतलब नहीं कि कविता जीवन में है ही नहीं। कविता का मूलाश्रय, हमारा सौन्दर्यबोध, जीवित है। इसके अनेक प्रमाण एक सुन्दर जीवन जीने की हमारी अथक आकांक्षाओं में जीवित है।

काव्य-रचना : पूर्वापर

काव्य आगे या पीछे नहीं चलता क्योंकि वह भौतिक समय में नहीं मानसिक समय में अवस्थित होता है। उसमें चढ़ाव-उतार और उत्कर्ष-अपकर्ष होते हैं–चक्राकार गति से। परिवर्तन होते हैं लेकिन विलोम-बिन्दु नहीं होते। अक्षर शब्द के अभिप्रायों में यही भाव व्यंजित और उद्घाटित है। हर शब्द का एक तत्काल भी होता है और उसका त्रिकाल भी। मिथक, स्मृतियाँ, इतिहास, अन्तर्ध्वनियाँ, अर्द्ध-ध्वनियाँ आदि शब्दों के उसी बृहत्तर-जीवन का अंश हैं जिनकी जड़ें हमारे जीन्स में अंकित हैं। काव्य-रचना बड़ी हद तक शब्दों के उसी समूचे जीवन से वाबस्तगी है। इसी माने में कविता में शब्दों का संयोजन इसी बृहत्तर जीवन से जुड़ाव की चेष्टा है–कि जो मूक और सन्निहित है वह भी बोले या ध्वनित हो उठे। वह सतही अर्थों के कई तहों नीचे के स्पन्दनों को भी आलोकित और झंकृत कर सकता है।

जन-चेतना में गहरी बसी इन मिथकीय और ऐतिहासिक स्मृतियों का सदुपयोग या दुरुपयोग दोनों ही सम्भव है। उत्कृष्ट काव्य-विवेक इस ओर अपने को सावधान रखता है।

कविता और अलंकरण

"उक्ति-वैशिष्ट्य ही काव्य है..."–राजशेखर।

"बात बोलेगी..."–शमशेर।

अलंकरण कविता का बाहरी आभूषण है, उसका अनिवार्य अंग नहीं। गहनों से लाद देने मात्र से भद्दी कविता सुन्दर नहीं हो जाती और एक सुन्दर कविता बिना आभूषणों के भी सुन्दर होगी। ज़्यादा आभूषण इस सुन्दरता को बढ़ाने की बजाय उसे ढँकने का काम अधिक करेंगे। कविता अपने प्राकृतिक रूप में सुन्दरतम है। थोड़ा शृंगार तो उत्तम है : भारी शृंगार का भार उसकी जान ले सकता है।

यह बात आज की कविता के लिए भी उतनी ही सही है जितनी कभी रीतिकालीन कविता के लिए सही थी। आज के प्रसाधन के उपकरण बदल गए हैं लेकिन उन उपकरणों के उपयोग की ज़्यादती की प्रवृत्ति आज भी बहुत कुछ वैसी ही है। बिम्बों की भरमार से लदी-फदी कविताओं की एक ख़ासी बड़ी भीड़ देखी जा सकती है। कविता को बिकाऊ माल बनाने की कोशिश में उसके रंग-ढंग को बाज़ारू बनाने में कोई कोर-कसर बाक़ी नहीं रखी जाती—लेकिन उससे दो घड़ी बात करते ही उसकी क़लई खुल जाती है। उसकी सौन्दर्य-गरिमा से अधिक उसका फूहड़ हाव-भाव वाचाल हो उठता है...।

सबके बुनियादी अनुभव कमोबेश एक से ही होते हैं : पर उन्हें सोचने-विचारने के तरीक़ों में फ़र्क़ होता है। इस फ़र्क़ को साहित्य-रचना में ख़ासतौर पर परिलक्षित किया जा सकता है। कोई दो बड़े लेखक या कवि इसीलिए एक तरह नहीं सोचते—और इसी से उनके लेखन में बुनियादी फ़र्क़ पड़ता है। प्रेम, स्त्री, मैत्री, मृत्यु आदि के भौतिक अनुभवों से उनके मानसिक अनुभवों का एक ज़्यादा बड़ा अनुभव-संसार है—जिससे काव्य और कलाओं का विविध और विस्तृत संसार बनता है।

कविता और विचार

साहित्य से बाहर के विषयों में रुचि भी कविताओं को कई तरह समृद्ध कर सकती है। इतिहास, मिथक, संगीत, सिनेमा, विज्ञान (ख़ासकर जीव-शास्त्र) विभिन्न विषय ही नहीं, जानकारी की विभिन्न दुनियाएँ हैं जिनमें स्वच्छन्द विचरण कविता के लिए भी उत्प्रेरक हो सकता है। एक विशेषज्ञ की तरह नहीं, एक उत्सुक पाठक की तरह इन अनेक दुनियाओं में विचरण कल्पना और रचनाशीलता दोनों को उकसाता है। इन विभिन्न विषयों में एक अजनबी की तरह विचरण और भटकाव का भी अपना अलग एक रोमांच है—एक कवि की आँखों से देखने का रोमांच जैसे अज्ञात या कम-ज्ञात के रहस्यों में घूमने का अनुभव।

साहित्य ने सोच-विचार में केन्द्रीयता से अधिक फैलाव (विस्तार) को अपनाया है। यह फैलाव कविता को एक ज़्यादा बड़े संसार में ले जाता है।... ग़ोताख़ोरी की अपेक्षा तैराक़ी एक ज़्यादा बड़े विश्व में भ्रमण की तरह है। कविता को उसमें अधिक बड़ी जगह मिलती है। गहराइयों की भी अपनी अलग एक दुनिया है—उसके अपने रहस्य, रोमांच, ख़तरे और विकराल जीव-जन्तु हैं। उन गहराइयों में भी कोई मोती हाथ लग सकता है! नहीं तो, उन गहराइयों में सैरें भी दिलचस्प तो होती ही हैं।

जब यह सुनता हूँ कि लोगों को अब कविता की ज़रूरत नहीं रही तो एक ख़ास तरह से 'सुरक्षित' अनुभव करता हूँ कि कविता की दुनिया में अब बिल्कुल निरापद होकर रहा जा सकता है। इतनी अकूत सम्पदा को अब लूटपाट, चोरी-डकैती का कोई डर नहीं रहा! इसका उपभोक्ता, इसका लूटनेवाला कोई नहीं। ईर्ष्या-द्वेष से परे उस पर किसी की कुटिल दृष्टि नहीं। जैसे एक सुन्दर एकान्त वनस्थली, सबकी नज़रों की ओट।

अष्ट-छाप के सन्तकवि कुशल गायक भी होते थे। राज-दरबारों से दूर रहकर केवल अपने आराध्य की प्रार्थना में लिखते और गाते थे। उनके गायन की ख्याति सुनकर एक बार अकबर बादशाह ने कुम्भनदास को फ़तेहपुर सीकरी बुलाया—गाने के लिए। मजबूरन कुम्भनदास ने भरे दरबार में अपनी व्यथा गाई—

सन्तन को कहा सीकरी सों काम
आवत-जात पनहिया टूटीं बिसरि गयो हरिनाम
जिनको मुख देखे अघ लागै तिनको करनो परी प्रनाम

सुन्दर गायन से प्रभावित होकर अकबर ने सन्त से कुछ माँगने को कहा, तो उसने विनम्रता से कहा—"अब फिर कभी दरबार में न बुलाइएगा!" संगीत का उदार प्रेमी बादशाह समझ गया कि यह कविता और संगीत दरबारों के लिए नहीं, दुनिया के बादशाह के लिए थी। कविता की यह भी एक शान थी जिसने अभावों में रहकर भी दुनिया को कवित्व का अथाह वैभव दिया। कविता को धन-दौलत, यश-प्रसिद्धि से नहीं जोड़ा—उसे एक बड़ी सामाजिक ज़िम्मेदारी और नैतिकता से जोड़ा। लोक-कल्याण की चिन्ता की, अपनी नहीं...।

कोई मान-सम्मान या पुरस्कार मिलता है तो सबसे पहले उन सन्त-कवियों की छवि और उदाहरण दिमाग़ में घूम जाते हैं। उन्होंने कविता को एक नैतिक अन्तःकरण दिया, केवल भौतिक अस्तित्व नहीं...।

भाषा के ध्रुवान्तों तक : वाजश्रवा के बहाने

'वाजश्रवा के बहाने' लिखते समय जो कुछ विचार भी उठते रहे उन्हें अपनी नोटबुक में जहाँ-तहाँ टंकित करता रहा। उस फैली बिखरी सामग्री से कुछ अंश यहाँ दे रहा हूँ। इसका 'वाजश्रवा के बहाने' से बहुत सीधा सम्बन्ध न हो तो भी इन टिप्पणियों से कृति के साथ एक निकटतर सम्बन्ध बनाने में मदद मिल सकती है।...जब भी एक रचना की 'बनावट' को लेकर मेरे मन में कोई द्विविधा उठी मैंने जीवन की ओर देखा है। जीवन की असली ताक़त उसके लचीलेपन में है, उसकी कठोरता में नहीं : जाने-अनजाने यही शायद मेरी रचना का आधार रहा है। विभिन्न जीवनानुभवों को खुली छूट दी तो उनका एक पैटर्न-सा अपने आप बनता दिखाई दिया। उसे कम-से-कम छूते हुए सावधानी से सँजो दिया...अपने हस्तक्षेप को न्यूनतम रखते हुए...।

जब भी लिखने बैठता हूँ, कोई और भी आकर बैठ जाता है मेरे पास—एक संवाद भर की दूरी या निकटता पर। उससे लगातार बातचीत का एक सिलसिला चलता रहता है। उसकी 'पहचान' को ठीक-ठीक अंकित करना मेरे लिए मुश्किल है। वह कोई घनिष्ठ, परिचित, अपरिचित, पाठक, समीक्षक, विद्वान या स्वयं मेरा ही कोई प्रतिरूप—कोई भी—हो सकता है। उससे बातचीत कभी लिखित, कभी अध-लिखित, कभी अलिखित नोटबुकों और यादों में छूट जाती रही है।

कई वर्षों में लिखी गई काव्य-रचना का कई तरह के भाषाई अनुभवों और जीवनानुभवों से गुज़रना स्वाभाविक है। उन्हें एकत्र कर दिया गया है, पर एक-सा बनाने का आग्रह नहीं रहा है : इसलिए कृति में एक धारा-का-सा प्रवाह नहीं है। कहीं यदि 'द्वीप समूहों' का-सा 'नैचुरल फार्मेशन' है तो कहीं जलाशयों का प्रदेश-सा। कोई क्रम नहीं, केवल विभिन्नताओं और अभिन्नताओं का एक सान्निध्य। अगर जीवन को क्रमानुसार ही नहीं व्यतिक्रमानुसार भी जिया और पढ़ा जा सकता है तो एक काव्य-रचना को क्यों नहीं? अगर क्रमानुसार न पढ़ा जाये तो क्या एक स्वतंत्र 'श्लोक' या 'सुभाषित' का कोई अर्थ नहीं? उसे रचना से प्राप्त करके जीवन से जोड़कर पढ़ने में क्या हर्ज है?

मेरे पास बैठा समीक्षक आपत्ति करता है : 'हम जानते हैं कि एक काव्य, खंडकाव्य या महाकाव्य का क्या अर्थ होता है, शास्त्रानुसार भी और वैसे भी। अगर उस पारम्परिक समझ की नींव को तोड़ा जाएगा तो उस पर खड़ी काव्य-रचना की इमारत ही ढह जाएगी! क्या उसे ढह जाने दिया जाये?'

नहीं, मैं कहता, उसकी नींव खोदना ज़रूरी नहीं। उसे अपनी जगह बने रहने दीजिए, वैसा ही। जॉयस के 'यूलिसिस' के महत्त्व को समझने के लिए होमर के 'यूलिसिस' की नींव खोदना ज़रूरी नहीं। दोनों का सह-अस्तित्व न केवल सम्भव है, बल्कि आवश्यक है। कुछ इस तरह भी देखा जा सकता है कि कालिदास का 'विक्रमोर्वशीयं' ऋग्वेद की 'उर्वशी' का विध्वंस नहीं बल्कि उससे भिन्न उसका विस्तार है। समीक्षा भी लीक से हटकर लिखी जा सकती है, लेकिन यदि कृति के साथ समीक्षक का तालमेल नहीं बैठता तो कृति से अधिक वह समीक्षा पाठक के लिए एक समस्या बन सकती है!

'वाजश्रवा के बहाने' एक खंड-काव्य है। जीवन के अनेक अनुभव तथा उन पर विचार एक-दूसरे के आस-पास रखे गए हैं, पर वे एक-दूसरे में गुथे हुए नहीं हैं।

इस कृति में मैंने नचिकेता के पिता वाजश्रवा को केन्द्र में रखा है, जबकि 'कठोपनिषद्' में उसकी केवल एक शुरुआती 'उपस्थिति' है। मेरी रचना में भी वाजश्रवा नेपथ्य में ही रहता है...कभी एक पिता की तरह, तो कभी स्वयं भी एक पुत्र की तरह। इस अर्थ में उसकी केन्द्रीय स्थिति भी है, और दोहरी स्थिति भी। उसे एक 'स्वयं-बिन्दु' बनाकर तीन पीढ़ियों को एक त्रैकोणिक परिप्रेक्ष्य से देखने की चेष्टा है। वह कभी एक पिता होने और कभी एक पुत्र होने की नियति को सोचता-विचारता है। इस तरह समय में जीवन का एक विस्तृत फलक बनता है और वाजश्रवा अनायास ही एक विशालतर जीवनशक्ति को अनुभव करता है। नचिकेता की शुरुआती जीवनदृष्टि ('आत्मजयी' में) इस माने में सीमित है कि वह केवल एक पुत्र की तरह सोचता है, जिसे बाद में यम का उपदेश विस्तृत करता है।

यह हम सबके जीवन की भी एक अकाट्य सच्चाई है कि कभी हम एक पुत्र की तरह तो कभी एक पिता की तरह सोचने के लिए बाध्य हैं।

वाजश्रवा स्वीकार करता है कि वह संसारी है जो एक पिता की तरह भी सोचता है ('अच्छा हुआ, तुम लौट आए...'), और एक पुत्र की तरह भी ('मेरे पिता के वे थके हुए स्वाभिमानी शब्द...')। उसने यदि एक पिता होने की यातना को जाना है तो एक पुत्र होने के अनुभव को भी : वह इस दोहरे 'स्मृति-बोध' (या 'स्मृति-बोझ') को जीता है।

'वाजश्रवा के बहाने' में 'कठोपनिषद्' के कथा-प्रसंग को एक नया परिप्रेक्ष्य दिया गया है। नचिकेता के बजाय उसके पिता वाजश्रवा को केन्द्र में रखकर जीवन को इस तरह सकारात्मक ढंग से देखने का प्रयत्न है कि पिता-पुत्र के बुनियादी अन्तर्सम्बन्ध एक नया अर्थ पाते हुए जीवन को भी एक नए तरह से ओजस्वी बनाते हैं। उसके दृष्टिकोण में एक लम्बे जीवनानुभव की परिपक्वता है, साथ ही उस वैदिक दृष्टिकोण की अनुभूतियाँ जो एक ऋतुचक्र की तरह जीवन को प्रतिक्षण नया होते देखती हैं। जीवन के क्षय में नहीं, वह इस ऊर्जा के संचार में जीवन-बोध एक बृहत्तर आयाम पाता है।

'आत्मजयी' और 'वाजश्रवा के बहाने' में न केवल आधी सदी का अन्तराल है बल्कि इस बीच जीवनानुभवों में बदलते तमाम दृष्टिकोणों और अनुभवों का अन्तःकरण भी है। जीवन के साथ अनिवार्यतः बदलते जाते समीकरणों को यह लम्बी कविता कई तरह देखती है। एक तरह से यह जिए-हुए जीवन का पुनर्पाठ है। जीवन-बोध का निर्भीक आह्वान। कविता किसी सीमित क्षेत्र-विशेष तक सीमित न रहकर भाषा के ध्रुवान्तों तक फैलना चाहती है।

जैसे-जैसे जीवन बदलता है शब्दों और भाषा के साथ भी हमारे सम्बन्ध बदलते हैं। शब्दों के साथ सम्बन्धों पर हमारी जीवन-शैलियों से भी अन्तर पड़ता है। एक कवि-स्वभाव शब्दों को आदर से बरतता है, मानो शब्दों की मंत्र-शक्ति में विश्वास करते हुए। एक शासक, अफ़सरशाह या रईस शब्दों को इस तरह इस्तेमाल करता है मानो शब्द उसके ताबेदार हों और उनकी अपनी कोई सत्ता न हो।

आयु के साथ भी जब जीवन में बदलाव आता है तब भाषा के साथ भी हमारा व्यवहार बदलने लगता है। उसका उलट असर हमारे यथार्थ-बोध को भी प्रभावित करता है। एक साधारण जीवन जीते हुए भी हम एक अथाह शब्द-सम्पदा का उपभोग कर सकते हैं—एक शाब्दिक अर्थ को उसके सांकेतिक अर्थों में विस्तृत करके। 'वाजश्रवा के बहाने' के 'वन में भी जीवन है' वाले खण्ड में वन के अर्थ को एक संस्कृति के रूप में विकसित करके देखने की कोशिश है। आगे चलकर 'शब्दों के परिसर' में भी इसी भावार्थ की व्यंजना है। शब्दार्थों का यह विस्तार यथार्थ से पलायन नहीं है...दोनों का विस्तार है। उसका मूल केवल वस्तुगत न होकर 'जैविक' है।

बहुत से शब्दों और पदों के अर्थों को हम बिलकुल रूढ़िगत तरीकों से स्वीकार करते चले आते हैं...मानो उनके वे अर्थ हमेशा के लिए स्थिर किए जा चुके हों। उनसे बराबर से संवाद तथा उनके अर्थों की जाँच-पड़ताल भी होते रहना ज़रूरी

है। मुझे लगता है कि अनेक शब्दों और शब्द-पदों से गहरे संवाद की ज़रूरत है, ताकि उनके न केवल अपने अर्थ बल्कि उन अर्थों के दूसरे शब्दों से नए सम्बन्धों की सम्भावनाओं पर पुनर्विचार हो सके। किसी भी शब्द के रूढ़ि हो रहे अर्थ या अर्थों पर अटके रह जाना उसकी अर्थ-सामर्थ्य को सीमित कर देना है। कभी आचार्य भर्तृहरि ने अपने 'वाक्यपदीयं' में 'शब्द-शक्ति' पर गहनता से विचार किया था। शायद उन्हें देरीदा के साथ रखकर पढ़ना उपयोगी हो सकता है। आवश्यक है कि 'शब्दों' के प्रचलित, प्रचारित और प्रसारित 'अर्थों' को चुनौती देते हुए उनसे जिरह की जाए। ऐसा ही एक संवाद जब टी.एस. एलिअट ने पिछली सदी के शुरुआती दशकों में 'परम्परा' शब्द से किया तो उससे न केवल 'परम्परा' बल्कि 'आधुनिकता' के भी अनेक नये पहलू सामने आए। यह भी एक तरह का अंधविश्वास है कि हम किसी भी 'शब्द' या 'पद' के प्रचलित अर्थ को बिना किसी तरह की चुनौती दिए मानते चले जाएँ। 'यथार्थ', ख़ासकर 'सामाजिक यथार्थ', ऐसा ही एक पद है, जिसकी गहरी छानबीन मुझे ज़रूरी लगती है। यह एक तरह से मार्क्स के काम को आगे बढ़ाना होगा।

कविता की असली 'पहचान' को 'जीवन-शक्ति' के साथ जुड़ना चाहिए, न कि 'पलायन' या 'भीरुता' के साथ। कविता यथार्थ से पलायन नहीं है, यथार्थ का ही परोक्ष आयाम है। उसका पुरुषार्थ-पक्ष। इस अर्थ में 'कल्पनाशीलता' और 'रोमैंटिक' का प्रमुख अर्थ हमारी उस जैविक 'ऊर्जा' का उन्मेष और आन्दोलन है जो मूलतः रचना का उत्स है।

लिखने की प्रक्रिया के चार स्वाभाविक वर्ग बनाता हूँ

1. देखना (बाहर भी और भीतर भी)
2. जानना (बाहर और भीतर का फ़र्क़)
3. सोचना (चिन्तन और आत्मचिन्तन)
4. याद करना (स्मृति को जीना)

प्रतिक्षण जो हो रहा (वर्तमान) वह तेज़ी से प्रतिक्षण व्यतीत होता जा रहा है—यानी 'अतीत' बनता जा रहा। इसीलिए उसे 'क्षणिक' कहा गया है। वह 'अतीत' चाहे क्षण भर पहले का हो, चाहे हज़ारों वर्ष पहले का—कहीं हमारी 'स्मृति' में दाख़िल होता जा रहा है। जब हम लिखने बैठते हैं तो इसी अतीत को 'याद' (स्मृति) करते हैं। उसे 'देखते', 'सोचते' और उससे 'जुड़ते' हैं।

हर लेखन इस मामले में एक इतिहास है जिसे हम अपनी चेतना में पुनः जीवित करके उससे एक नया सम्बन्ध बनाते हैं—उसे एक नया जीवन देते हैं। उसे अपनी तरह पढ़ते, लिखते और दूसरों तक पहुँचाते हैं।

भाषा में यह पुनः निर्मिति महत्त्वपूर्ण है। यह दो, या दो से अधिक, चेतनाओं के बीच एक जीवनदृष्टि का माध्यम है। यह 'रचना' सामान्य भी हो सकती है—और कलापूर्ण भी।

कविता के माध्यम से एक सेतु बनता है—कवि और पाठकों के बीच भी, और स्वतंत्र रूप से पाठकों के बीच भी। इस सम्बन्ध के आशय गम्भीर भी हो सकते हैं और नितान्त व्यावहारिक या सतही भी। लेकिन हर हालत में यह 'सम्प्रेषण' हमारे लिए महत्त्व रखता है—निजी भी और सामाजिक भी। एक-दूसरे के पास पहुँचना कवि और पाठक के बीच ही नहीं पाठक और पाठक के बीच भी एक आत्मीय सम्बन्ध का रास्ता बनाता है। जैसे एक संगीत सभा या बैठक में ऐसा ही रिश्ता गायक तथा श्रोता, तथा श्रोता और श्रोता, के बीच भी बनता है। संगीत का यह निजी अनुभव भी है और दूसरों के साथ बैठकर सुनने का एक सामूहिक अनुभव भी। हम सब जानते हैं कि उच्चकोटि के संगीत को उसके अच्छे जानकार श्रोताओं के साथ बैठकर सुनने का अनुभव किस तरह हमारे अपने रसास्वादन को बढ़ाता है।

स्वरों की ही तरह शब्द भी हमें आपस में जोड़ते हैं और सुन्दर शब्द-योजना, सुन्दर स्वर-योजना की तरह, हमारे गहरे मनोभावों और विचारों को आन्दोलित कर सकने की शक्ति रखती है।

ऐसा कुछ था मेरे मन में कि जीवन के 'युग' नहीं, केवल 'पहर' या प्रहर होते हैं—केवल चार प्रहर। यह 'प्रत्येक जीवन' और 'सम्पूर्ण जीवन' का बुनियादी यथार्थ है...ऐसा कुछ मानकर चलें तो 'हिरण्यगर्भ' की एक दिलचस्प, और शायद ज़्यादा सार्थक भी, व्याख्या सम्भव है। इस तरह जीवन का एक वृत्ताकार 'दिन' बनता है, जिसमें उदय (उषस्, उत्कर्ष) है, दोपहर है, तीसरा पहर और शाम (चौथा पहर) है। नचिकेता और उसके पिता वाजश्रवा जीवन के इस 'दिन' को उसके दो ध्रुवान्तों से, यानी शाम और सुबह की ओर से, देखते हैं। हम उसे अपना वर्तमान भी कह सकते हैं जो अपने विगत और अनागत से घिरा है। हम हर सुबह को इस तरह भी सोच सकते हैं मानो वह पूरे जीवन की सुबह हो...यानी, हम एक 'आज' की प्रतीति को चेतना में इस तरह विस्तृत कर सकते हैं मानों उसमें अनेक 'आज' उपस्थित हों। 'वाजश्रवा के बहाने' का आरम्भ इसी भाव से होता है।

— 2008

भाषा की पारिस्थितिकी

इस सुअवसर के लिए मैं मस्सीमो मोरास्सो (Massimo Morasso) का हृदय से आभारी हूँ कि एक ऐसे विषय पर आज आपके सामने कुछ विचार रखने का मौक़ा मिल रहा है जिसे एक कवि की स्वाभाविक चिन्ताओं में से माना जा सकता है। यानी उस पृथ्वी और प्रकृति की सुरक्षा की चिन्ता, जिस पर मनुष्य का अपना व्यापक हित निर्भर है। श्री मोरास्सो ने पत्र में मेरे खंड-काव्य 'आत्मजयी', जिसका नचिकेता शीर्षक से प्रो. मारिओला ऑफ़्रेदी (Mariola Offredi) द्वारा इतालवी अनुवाद उपलब्ध है, का ज़िक्र किया। मुझे ख़ुशी हुई और इससे भी अधिक ख़ुशी यह जानकर हुई कि वे रिल्के (Rilke) के इतालवी अनुवादक भी हैं। रिल्के मेरे प्रिय कवियों में से हैं। मौजूदा प्रसंग में हम याद कर सकते हैं कि उनकी कविताओं में प्रकृति निर्जीव और जड़-पदार्थ की तरह नहीं है : वह एक दैवी और आत्मीय उपस्थिति है। इस दृष्टिकोण में हम पूर्वी जीवन दर्शन की एक झलक पाते हैं जो मनुष्य और प्रकृति के बीच संघर्ष नहीं शान्तिपूर्ण सह-अस्तित्व को सम्भव ही नहीं ज़रूरी मानकर चलता है। कठोपनिषद् से नचिकेता प्रसंग लेने के पीछे कई कारणों में से एक यह भी था कि "...यूनानी पुराकथाओं की ही तरह भारतीय पुराकथाएँ भी...मनुष्य और प्रकृति के बीच बड़े ही घनिष्ठ सम्बन्धों का रोचक और जीवन्त कथा-रूप थीं।" ('आत्मजयी' की भूमिका से उद्धृत।)

आदिमानव और प्रकृति तथा प्राकृतिक तत्त्वों और प्राणियों के बीच जो एक सहज घनिष्ठता तथा परस्पर निर्भरता का भाव था उसे हम विज्ञान और टेक्नोलॉजी के उदय और विकास के साथ धीरे-धीरे आमूल बदलते हुए देखते हैं। डारविन के सिद्धान्तों से मनुष्य का एक आक्रामक रूप उभरता है कि जैसे प्रकृति उसकी सहायक और सहचरी नहीं उसकी दुश्मन हो जिस पर विजय पाये बिना वह जीवित नहीं रह सकता। प्रकृति और मनुष्य के बीच एक सतत् संघर्ष की सैद्धान्तिक भूमिका बनती है। लेकिन उसी सिद्धान्त के इस पक्ष पर कम ध्यान दिया जाता है कि मनुष्य-जाति का विकासक्रम प्रकृति के प्रतिकूल

नहीं उसके अनुकूल अपने को ढालते रह सकने की क्षमता पर अधिक निर्भर रहा है।

मैं पारिस्थितिकी का विशेषज्ञ नहीं हूँ। एक मनुष्य और कवि के नाते मेरी आशंकाओं का आधार विकास और प्रगति का वह विकृत मिथक है जो केवल उत्पादन और उपभोक्तावाद में ही उन्नति का सारांश देखता है। जो मनुष्य की आत्मिक संस्कृति की अपेक्षा उसके भौतिक समृद्धि को अधिक महत्त्व देता है। मनुष्य के सर्वांगीण विकास का प्रारूप केवल आर्थिक, राजनैतिक और वैज्ञानिक आधारों पर नहीं बनाया जा सकता : अपने भौतिक परिवेश के साथ सन्तुलन बनाए रखने के लिए कहीं हमें अन्दर उस शील का विकास भी करते रहना होगा कि प्रकृति केवल मनुष्य के उपभोग की सामग्री मात्र नहीं है। और अगर बिल्कुल भोगवादी दृष्टि से ही देखें, तो इस विवेक की भी अवहेलना नहीं की जा सकती कि उसका बेरोक दोहन बहुत समय तक अब सम्भव ही नहीं।

अरेन्ज़ानों (Arenzano) प्रस्ताव-पत्र में दिए गए सुझावों तथा बारह सिद्धान्त-संहिताओं पर गम्भीरता से विचार ज़रूरी है तथा पहली ज़रूरत है कि उनका ईमानदारी से व्यवहार में पालन हो। हमारे सामने इस समय दो तरह की मुश्किलें हैं : सवाल केवल उस सीमित प्राकृतिक सम्पदा के चुक जाने का ही नहीं जिसे हम बहुत तेज़ी से खपत के माल की तरह इस्तेमाल कर रहे हैं बल्कि उससे भी अधिक उस प्रदूषण का है जो ज़हर की तरह पृथ्वी पर फैल रहा है। भारत में इस समस्या ने भीषण रूप ले रखा है। हवा और पानी का प्रदूषण इस हद तक बढ़ गया है कि उस पर क़ाबू पाना मुश्किल हो रहा है।

आर्थिक विकास को लेकर पिछड़े देशों की समस्याएँ समृद्ध देशों से काफ़ी अलग हैं। जहाँ पिछड़े देशों में विकास की गति को बढ़ाना ज़रूरी हो सकता है वहीं समृद्ध देशों में उसकी गति को थोड़ा कम करना शायद बेहतर हो। भारतीय सन्दर्भ में विकास और पर्यावरण के संरक्षण को लेकर एक द्वन्द्व अकसर सामने आता रहता है जिसका एक बड़ा उदाहरण नर्मदा घाटी की बाँध-योजना पर वर्षों से चल रहा विवाद है। एक ओर जहाँ पर्यावरण और एक पारम्परिक जीवन-शैली के संरक्षण का तर्क प्रबल है तो दूसरी ओर उतना ही सशक्त तर्क आधुनिकीकरण और एक बेहतर जीवन-शैली के पक्ष में इस तरह उठता है कि किसी निर्णय पर पहुँचना मुश्किल हो जाता है।

हम बेशक़ बहुत तेज़ी से आगे बढ़ रहे हैं लेकिन यह सावधानी सबसे पहले आवश्यक है कि सही दिशा में आगे बढ़ रहे हैं। तेज़ी की ओर तो हमारा ध्यान है लेकिन क्या हम उस लक्ष्य को लेकर भी स्पष्ट हैं जिस ओर हम तेज़ी से बढ़

रहे हैं? इस तरह के सवालों को हमें व्यापक मानव-कल्याण की भावना को केन्द्र में रखकर सोचना होगा–जिस तरह श्रेष्ठ कविता या कलाएँ अपने परिवेश और उससे घनिष्ठ रूप से जुड़े जीवन के बारे में सोचती हैं। उनकी पूरी सोच में यह विवेक निहित होता है कि स्थानीयता में बिना मज़बूत जड़ों के वैश्विक स्तर पर भी एक कला कोई महत्त्वपूर्ण जगह नहीं बना सकती। वैश्वीकरण का अर्थ भी यह नहीं होना चाहिए कि स्थानीय विशेषताएँ सपाट और निर्जीव हो जाएँ। विकास के अर्थ को हम केवल आर्थिक, औद्योगिक और व्यापारिक दृष्टि से ही नहीं परिभाषित कर सकते : ज़रूरी है कि उसे हम एक विशद मानवीय सन्दर्भ दें, अन्यथा वे जड़ें निष्प्राण हो जाएँगी जो हमारे जीवन को सरस और सही मानों में समृद्ध बनाती हैं। एक कविता में मैंने कुछ आधुनिक प्रतीकों के द्वारा भाषा को माध्यम बनाकर इस ओर संकेत किया था।

भाषा की ध्वस्त पारिस्थितिकी में

प्लास्टिक के पेड़
नाइलॉन के फूल
रबर की चिड़ियाँ

टेप पर भूले बिसरे
लोकगीतों की
उदास लड़ियाँ...

एक पेड़ जब सूखता
सब से पहले सूखते
उसके सबसे कोमल हिस्से–
उसके फूल
उसकी पत्तियाँ।

एक भाषा जब सूखती
शब्द खोने लगते अपना कवित्व
भावों की ताज़गी
विचारों की सत्यता–
बढ़ने लगते लोगों के बीच
अपरिचय के उजाड़ और खाइयाँ...

सोच में हूँ कि सोच के प्रकरण में
किस तरह कुछ कहा जाय
कि सबका ध्यान उनकी ओर हो
जिनका ध्यान सबकी ओर है—

कि भाषा की ध्वस्त पारिस्थितिकी में
आग यदि लगी तो पहले वहाँ लगेगी
जहाँ ठूँठ हो चुकी होंगी
अपनी ज़मीन से रस खींच सकनेवाली शक्तियाँ।

'कोई दूसरा नहीं'

यह कविता 'कोई दूसरा नहीं' से है, जिसका रोबर्ता सेक्वी (Roberta Sequi) द्वारा पुस्तक रूप में इतालवी अनुवाद अरेन्ज़ानो में उद्घाटित हुआ। 'अरेन्ज़ानो-परिपत्र' पढ़कर मुझे बेहद ख़ुशी हुई। यह सन्तोष की बात है कि जेनोआ (Genoa) में 'मूविता' (Muvita) जैसी संस्था सक्रिय है और वह वैज्ञानिक अध्ययन और पारिवेशिक तकनीकों को इस तरह सोचती है कि वे मनुष्य के व्यापक हितों की रक्षा कर सकें। यह परिपत्र संसार के अनेक प्रतिष्ठित और गणमान्य कवियों और लेखकों द्वारा समर्थित है, यह कहीं मानव जाति के शायद सबसे संवेदनशील पक्ष का प्रतिनिधित्व भी माना जा सकता है।

मैं जानता हूँ कि कुछ बहुत ही सामान्य बातों को ही यहाँ उठा सका हूँ। यह वक्तव्य समस्या की उन गहराइयों में नहीं जा सका है जिनसे आज हम सब बेहद चिन्तित हैं। फिर भी कभी-कभी सामान्य आशंकाओं को दोहराना भी एक गम्भीर चेतावनी को दोहराने का-सा काम करता है। एकॉलॉजी (ecology) और प्रदूषण को लेकर इस समय दुनिया में पर्याप्त सामग्री और अवगति मौजूद है। जिस मानवता और प्राकृतिक सम्पदा को हमें बचाना है वह अत्यन्त मूल्यवान है : हमारी असावधानी से यदि वह नष्ट या भ्रष्ट होती है तो उस नुकसान की आपूर्ति लगभग असम्भव है।

– अरेन्ज़ानो, इटली, 2001

भावनाओं को सोचते हुए

साहित्य के सामने एक बड़ा सवाल आदमी की भावनात्मक ऊर्जा के सही इस्तेमाल का है। कविता जब इस शक्ति के सदुपयोग की बात सोचती है तो इसके कच्चे प्रदर्शन के ज़रिये नहीं : बुद्धिमत्ता और विवेकशीलता की ऊँचाई पर उसे रखकर। धर्म, क्षेत्र, भाषा या जाति जैसे शब्दों के साथ भावना शब्द सीधे जुड़कर कभी-कभी इनके सबसे अधिक साम्प्रदायिक और सबसे कम बुद्धि-सम्मत अर्थों को बल देता है। भावना का यह सबसे सीधा और थोक इस्तेमाल उसका सबसे कम रचनात्मक और सबसे अधिक ख़तरनाक इस्तेमाल भी है। एक आदर्श कविता भावना के विस्फोटक नहीं उसके सबसे सुन्दर, संयत और सभ्य रूपों के रचना और संरक्षण की कला है।

× × ×

कलाओं में जब 'भारतीयता की पहचान' के मसले ने ज़ोर पकड़ा तब लोगों का ध्यान अपनी भाषा, अपनी मिट्टी, अपने क्षेत्रों वग़ैरह की ओर जाना लाज़िम था। यह भी लाज़िम था कि ज़्यादातर लोगों का ध्यान उस ओर बड़े भावुक या भावनात्मक ढंग से जाता, यानी लगभग उद्गारात्मक ढंग से, और उनका उत्साह जुनून की हद तक पहुँच जाता। यानी भारतीय पहचान की बात तो गौण पड़ जाती और क्षेत्रीयता की बात क़रीब-क़रीब साम्प्रदायिकता की हद तक पहुँच जाती–और फिर साम्प्रदायिक दंगों तक...। बेलगाम भावना कोरी वासना है : उस पर यदि बुद्धि का अनुशासन नहीं तो वह किसी भी प्रमाद में बदल सकती है–और अन्ततः वही, अपनी तरह, 'भारतीयता' की प्रमुख पहचान का दावा पेश करते हुए बाक़ी सब अर्थों को बेदख़ल कर सकती है।

× × ×

इसी बीच एक दूसरे भावनात्मक ख़तरे ने भी सिर उठाया है–पुनरुत्थानवाद (revivalism)! जो था उससे अन्धा लगाव, बिना उसका सतर्क परीक्षण किए!

यदि 'क्षेत्रीयतावाद' अपनी पुरानी 'जगह' में वापस लौटने की भावना है तो पुनरुत्थानवाद प्राचीन विश्वासों के 'समय' में लौटने की, या उन्हें आज के समय में वापस लौटा ले आने की मानसिकता का द्योतक है। दोनों के पीछे एक ही तरह की भावना सक्रिय दिखती है जो पीछे की तरफ़ देखते हुए आगे बढ़ना चाहती है। 'पीछे' और 'आगे' 'समय' और 'जगह' के अथाह में कोई माने नहीं रखते। भारतीय चिन्तन ने मनुष्य की चेतना के सार्वकालिक और सार्वभौतिक विस्तार को महत्त्व दिया–उसके स्थूलत्व और शरीरत्व को नहीं। इस चेतना को किसी क्षेत्र-विशेष या काल-विशेष में संकुचित करके देखना भारतीयता के उदार अर्थ को संकुचित करके देखना है। (जहाँ 'वसुधैव कुटुम्बकं' का आदर्श माना गया हो और जीवन को विराट के अर्थ में परिभाषित और रेखांकित किया जाता रहा हो वहाँ काल-और-स्थान-बाधित जीवन-चेतना को बहुत उदात्त समझ का परिचायक नहीं माना गया।) भारतीय काल-बोध भी इसीलिए मुर्दों और खंडहरों की ओर नहीं देखता : वह मूलतः जीवन-मुखी है, जिसमें मृतकों का इतिहास नहीं अमरत्व के मिथक और देवत्व के सपने हैं। निर्मम और कटु लगते हुए भी इस भावना में अतीत के प्रति अनादर नहीं, जीवन के प्रति असीम करुणा और आस्था है। जीवन-गाथा वह अनन्त धारावाहिक है जिसे मृत्यु केवल अस्थायी विराम देती है–अगली जीवन-कड़ी से जोड़ने के लिए।

× × ×

मनोरंजन उद्योग–टी.वी. और औसत बम्बइया सिनेमा–भावना के सबसे उच्छृंखल पक्ष का व्यवसाय है। कच्ची किशोर भावनाओं का उद्दीपन और उनका विकृतीकरण। राम और कृष्ण की शालीन मिथक-छवियों को धर्मग्रन्थों के पर्दे से निकाल कर 'छोटे' 'बड़े' पर्दों पर। वे साहित्य और कलाओं में जब तक रहे ईश्वर रहे : सिनेमा में आते ही हीरो हो गए। राजनीति में उनका डबल रोल रहा : नेता भी और हीरो भी। राजनीति में अभिनेता और नेता का यह गड्डमड्ड भारतीय जन-भावना के साथ शायद सबसे हास्यास्पद, और ख़तरनाक भी, खिलवाड़ है।

× × ×

यह किसी भी प्रकार के धार्मिक विवेक का पुनरुत्थान या पुनर्जागरण नहीं : यह धार्मिक अज्ञान का पुनरुत्थान है, ताकि मनुष्य के अन्धविश्वासों का राजनीतिक या ग़ैर-राजनीतिक फ़ायदा उठाया जा सके। इसके पीछे कौन-से स्वार्थ काम कर रहे, पहले यह देखना चाहिए। भक्ति-साहित्य में कृष्ण और राम की जो छवियाँ प्रक्षिप्त हुईं उनका जनमानस पर क्या प्रभाव रहा? उत्तर से दक्षिण तक और पूरब

से पश्चिम तक भारत को एक सूत्र में बाँधे रह सकनेवाली वह कौन-सी भावना थी जिसका गहरा मानवीय सन्देश अद्वैत और सूफ़ी अमूर्तन में भी उतनी ही अक्षुण्णता से जन तक पहुँचा जितने अदूषित रूप में वह साकार उपासना की सारी सरसता का पान करते हुए। कृष्ण सारी लीला के बावजूद एक दिव्य-पुरुष ही बने रहे। उनके चित्रों या मूर्तियों को लेकर उनके शृंगारिक आकर्षणों के बावजूद, राधा-कृष्ण धार्मिक आलम्बन ही बने रहे : उनको लेकर भारतीय भावना कभी भी अनाध्यात्मिक नहीं हुई। साहित्य वैसे भी शब्द-संकेतों की कला है : स्थूल वर्णनों में भी उसका यह सांकेतिक पक्ष ही प्रबल रहता है जो सिनेमा या टी.वी. के बिम्ब-विवरण और उसके 'वितरण' से बिलकुल भिन्न है। जयदेव के 'गीत-गोविन्द' के अनेक वर्णन अत्यन्त मांसल हैं लेकिन ये दिव्य-केलि के आधार से कहीं भी विचलित नहीं होते क्योंकि राधा-कृष्ण की छवियों का आधार कवि और पाठक की आध्यात्मिक कल्पनाएँ हैं, किसी अभिनेता का पार्थिव शरीर नहीं। वे जिस भाव-लोक में रमण करते हैं उसका मूल रस आनन्द है, दैहिक सुख नहीं। उसका सौन्दर्य-बोध इस धारणा पर चलता दिखाई देता है कि उत्तम कोटि की कला मनुष्य की भावनाओं को उदात्त की ओर ले जाती है : निम्न स्तर की कला, वासना की ओर। इस जीवन शैली में यह वासनाओं का भी निषेध नहीं है, जीवनानुभव को समृद्धतर बनाने के लिए उन्हें एक अतिरिक्त आयाम देने की कोशिश है। पूर्णतः पार्थिव कला, जैसे प्राचीन यूनानी कला, को भारतीय चिन्तन कभी भी पूरी तरह स्वीकार न कर सका। भारतीय मूर्ति-शिल्प में शरीर की हू-ब-हू नक़ल कभी भी कोई ख़ास माने रखती हुई नहीं प्रतीत होती : उनका प्रतीकार्थ ही विशेष महत्त्व रखता है। खजुराहो और कोणार्क की मिथुन मूर्तियों तक में हम इस शरीरार्थ की घोर उपेक्षा परिलक्षित कर सकते हैं। ग्रीक, रोमन और रिनेसान्स-कालीन मूर्तियों में मानव-शरीर की ही आदर्श छवि आँकने की चेष्टा रही : भारतीय कला-दृष्टि ने मानो देह से परे एक अलौकिक सौन्दर्य की सौम्यता का स्पर्श करना चाहा।

× × ×

दो विभिन्न धार्मिक सम्प्रदायों के बीच टकराव की जो सम्भावनाएँ बनती हैं, या बनाई जाती हैं, उसकी जड़ में अशिक्षा और स्वार्थ है। उनमें कट्टरता और असहिष्णुता को बढ़ावा देनेवाली चालाकियों की ख़ास भूमिका रहती है। वह सुशिक्षित, उदार और सुसंस्कृत धर्म-भावना की अभिव्यक्ति नहीं : दूसरों के प्रति अकारण भय और अविश्वास से उपजाई गई बौखलाहट का प्रदर्शन है। उसके पीछे एक विकसित धर्म-भावना का तात्त्विक समता-भाव नहीं, धर्म के नाम पर कर्मकांडी दिखावों की बहुलता है।

वह जिसने किसी भी धर्म की बुनियादी शिक्षाओं को आत्मसात् किया है उसके लिए एक रशदी की 'सेटेनिक वर्सेज़' (Satanic Verses) एक कुशल मनोरंजन से अधिक नहीं क्योंकि वह उसकी तरह के लोगों को सम्बोधित ही नहीं। जो उससे भड़कें, या जो ऐसी चीज़ों से भड़कते रहते हैं, उनकी तथाकथित धर्म-भावना का भड़कना कितना ख़तरनाक हो सकता है इसे शायद रशदी से बेहतर और कोई नहीं जानता होगा!

भावनाएँ ग़लत या सही नहीं होतीं। वे स्वाभाविक होती हैं। ग़लत होता है उनके कुतार्किक पक्ष को उकसाना जिसकी जड़ें हमारी आदि-कबाइली मनोवृत्ति में हैं। आदि-मानव लघु-संगठनों में सिमट कर रहने में सुरक्षा अनुभव करता था। परिवार भी उसी का एक लघुतर रूप है। ग़ैरों से, या ग़ैर-संगठनों से, वह उसी तरह का भय और आशंका अनुभव करता था जैसी प्रकृति की उन अज्ञात परा-शक्तियों से जिन्हें वह ठीक से समझ नहीं पाता था। भय, सन्देह, असुरक्षा आदि की ये आदिम भावनाएँ या प्रवृत्तियाँ आज भी हम में ज़िन्दा हैं। किसी नए और अपरिचित व्यक्ति पर हम सहसा विश्वास नहीं कर पाते। समय के साथ इन आदिम प्रवृत्तियों में बदलाव अवश्य आता रहा लेकिन उसकी जड़ें नष्ट नहीं हुईं, और आज भी हमारे निजी, पारिवारिक, सामाजिक, राष्ट्रीय और अन्तर्राष्ट्रीय व्यवहारों में तरह-तरह व्यक्त होती रहती हैं। सुरक्षा के प्रबन्ध-तंत्र बदले पर मानसिकता, अविश्वास की मानसिकता, नहीं बदली। कबाइली समाजों की अपेक्षा ज़्यादा बड़े समाज और राष्ट्र बने। सुरक्षा देने की ज़िम्मेदारी अब राष्ट्र ने ले ली, राजकीय व्यवस्था और कानून न्यायालयों ने ले ली, तो किसी हद तक जात-बिरादरी पर आधारित लघु-संगठन अप्रासंगिक हो गए। इसलिए एक नागरिक की पहली वफ़ादारी भी राज्य की तरफ़ बनती है। हो सकता है कल हमारे जीवन के ग्लोबल सन्दर्भ कुछ इस तरह बदल जाएँ कि आत्मरक्षा के अधिकांश पुराने घटक कोई ख़ास माने ही न रखें : हमें किसी ऐसी सार्वभौमिक व्यवस्था की बात सोचनी पड़े जिसमें हर व्यक्ति ही नहीं पूरी प्रकृति सुरक्षित अनुभव कर सके। छोटे-बड़े, सबल-अबल, राष्ट्रों की शब्दावली में न सोचकर हमें ऐसे अन्तर्सम्बन्धों के विकास और पोषण के पदों में सोचना पड़े जिससे सब एक-दूसरे के प्रति आश्वस्त अनुभव करें।

भावनात्मक 'एकता' की बात अकसर उठाई जाती है पर बहुत बार ऐसा लगता है मानो पुरानी कबाइली मानसिकता से ही; जबकि दबाव भावनात्मक और मानवीय समता पर पड़ना चाहिए—सम्पूर्ण मानव समाज के हित को ध्यान में रखकर। जब भी भावना की बात उठे सबसे पहले यह जाँचना

चाहिए कि वह हमें एक विश्वास का बल देती है या हमारे अन्धविश्वासों को बढ़ावा।

आत्मरक्षा की भावना के विशदीकरण में इस ओर ध्यान जाना आवश्यक है कि उसका भी धीरे-धीरे आसानी-से-पहचान-में-आ-सकने-वाले कबाइली अवशेषों से मुक्त होकर अधिक सूक्ष्म अमूर्तन में बिखर जाना स्वाभाविक है। वह हमारे अन्दर इतने अदृश्य रूप में बसी रह सकती है कि हम ख़ुद उसके आदिम रूपों को पहचान न सकें। बड़े-बड़े राष्ट्रों की हथियारबन्दी की नीति में हम उस दोहरी मानसिकता को पहचान सकते हैं जो एक स्तर पर अगर स्वरक्षा का तर्क देती है तो दूसरे स्तर पर उसमें हम दूसरों पर धाक जमाए रखने का मनोविज्ञान भी आसानी से पढ़ सकते हैं। यह होड़ विनाशक है—जैसे-जैसे मनुष्य का यह अनुभव पक्का होता जा रहा, होड़ की भावना ही में उसकी आस्था में सन्देह की लकीरें उभरती दिखाई दे रही हैं। कहीं एक विनम्रतर जीवन-संस्कृति की खोज में अगर यह सोच भी झाँकता हुआ दिख जाए तो आश्चर्य नहीं कि सच्ची धर्म-भावना का स्वभाव न तो आक्रामक है, न ही आन्दोलनी : उसकी जड़ें अज्ञात के प्रति मनुष्य के उस पवित्र विस्मय-बोध में हैं जिसकी अभिव्यक्ति हम केवल धर्मों में नहीं, उसकी श्रेष्ठतम साहित्यिक और कलात्मक उपलब्धियों में भी पाते हैं।

युद्ध और कविता

काव्य-पाठ का जब यह कार्यक्रम बना तो थोड़ा असमंजस में पड़ गया। कारगिल-युद्ध छिड़ चुका था। उसको लेकर सबके मन में दुश्चिन्ताएँ थीं कि क्या होगा। आज जब युद्ध-समाप्ति की घोषणा हो चुकी है तो हम सब एक राहत महसूस कर रहे हैं। पर मन में कहीं एक ख़ास तरह की उथल-पुथल भी है। न जाने क्यों इस युद्ध को, या किसी भी युद्ध को, हार-जीत के अर्थ में नहीं सोच पाता। ध्यान बार-बार उनकी ओर जाता है, उनके परिवारों की ओर जाता है, जो इस युद्ध में शहीद हुए या अपंग हो गए। इस विनाश की तुलना में हार-जीत जैसे शब्द खोखले लगते हैं। दुनिया का इतिहास युद्धों से पटा पड़ा है। कोई युद्ध अन्तिम नहीं होता। न कोई जीतता है, न कोई हारता : दोनों पक्ष नष्ट होते हैं।

महाभारत में कौरव ही नहीं पांडव भी हारे। असली युद्ध वह है जो युद्ध से पहले गीता में लड़ा गया। असली महाभारत वह है जो युद्ध के बाद पांडवों ने हिमालय की चोटियों पर अपने शरीर को गलाकर लड़ा!

यह सवाल फिर भी बेचैन करता रहा कि अगर युद्ध सिर पर आ ही जाए तो ऐसे में कवि का क्या कर्तव्य होना चाहिए? ऐसे में शायद कवि-कर्म स्थगित करके नागरिक-धर्म को प्रमुखता देना चाहिए। युद्ध-काल में अनेक कवियों ने ऐसा ही किया। जो फ़ौज में शामिल हो सकते थे फ्रंट पर लड़े, अन्यथा जिस तरह भी सम्भव हो सका देश की रक्षा में योग दिया। आपात्स्थिति में आपद्धर्म लागू होता है। युद्ध की कविताओं के बारे में सोचने लगा—ऐसी अनेक कविताएँ याद आईं जिनमें युद्ध का वर्णन हो, पर ऐसी एक भी कविता याद नहीं आई जिसमें युद्ध का समर्थन हो। स्वभाव से कवि युद्ध का सिपाही नहीं शान्ति का दूत होता है। जिगर का एक शेर याद

आता है–

> *उनका जो फ़र्ज़ है वो अहले-सियासत समझें*
> *मेरा पैग़ाम मुहब्बत है जहाँ तक पहुँचे...*

– कारगिल युद्ध की समाप्ति की घोषणा पर, 2000

साहित्यिक स्वायत्तता

साहित्य की अपनी स्वायत्तता है। अकसर इस स्वायत्तता पर हमले हुए हैं। विस्तृत अर्थों में, राज्य द्वारा या राजनीति द्वारा या शासन नीति द्वारा साहित्य की इस स्वायत्तता, इस आज़ादी, को छीनने की कोशिश की गई है। उस हालत में साहित्य साहित्य नहीं रहा। आज़ाद साहित्यिक प्रतिभाएँ या तो स्वयं चुप हो गईं या फिर बलपूर्वक चुप करा दी गईं। साहित्य का नाम भर ज़िन्दा रहा–साहित्य नहीं। साहित्य मौक़ापरस्तों की ज़बान बन गया। उसका जनता से कोई घनिष्ठ नाता न रहा। राजनीति की ही तरह उसके लिए भी जनता एक ऐसा अमूर्त शब्द, एक ऐसा नारा, बन गया जिसके नाम पर अपना स्वार्थ सिद्ध किया जा सके। राजनीति और साहित्य में कोई गुणात्मक अन्तर न बचा। शासकों की पसन्द का, उनकी रुचि का, गुणगान करनेवाला, उनके हितों को पूरा करने का साधन बनकर वह उस आम ज़िन्दगी का तरफ़दार नहीं रह गया जिसका प्रतिनिधि होकर उसे बोलना चाहिए।

साहित्य को राजनीति से निदेशित नहीं होना है। राजनीति का साहित्य द्वारा सही मानो में मानवीयकरण होना है।

राजनीतिक विचारधाराओं के तहत रचा जानेवाला साहित्य 'मनुष्य' की चीज़ नहीं होगा...वह मनुष्य को ही चीज़ मान लेगा। राजनीति की अपनी चेष्टाएँ भी मानवीय हो सकती हैं...उनका मुख्य सरोकार भी आदमी की ज़िन्दगी को बेहतर और सुखद बनाना हो सकता है...लेकिन उसका साधन सत्ता, शासन और शक्ति का उपयोग है। उसके असर का दायरा एक सीमा के बाद इतना व्यापक भी हो सकता है कि वह आदमी की दूसरी चेष्टाओं को जकड़ ले...या उनको अपना ग़ुलाम बनाने की कोशिश करे। साहित्य का सरोकार भी 'मनुष्य' और 'जीवन' से है लेकिन उसका साधन शब्द और भाषा है। इस माध्यम के साथ साहित्यकार को पूरी तरह मुक्त छोड़ दिया जाने का मतलब है मनुष्य की एक ऐसी प्रमुख चेष्टा को मुक्त छोड़ देना जिसका व्यापक जीवन-सर्वेक्षण राजनीति पर भी

निगरानी रख सके। किसी भी राजनीतिक विचारधारा की ज़्यादती आदमी के जीवन की विविधता और तेजस्विता को कुंद न कर दे इसके लिए ज़रूरी है कि उसके दिमाग़ के दरवाज़े और खिड़कियाँ कई दिशाओं में खुले हों–सिर्फ़ राजनीति की ही ओर न खुलें। सही मानों में एक विकसित राजनैतिक संस्कृति के माने ही यह है कि उसका साहित्यिक संस्कृति पर दबाव इस तरह का न हो कि उसका जीवन से सीधा सम्पर्क टूट जाए और वह जो कहना चाहे राजनीति के मार्फ़त ही कह पाए।

इधर राजनीतिक मसलों को बिना दिमाग़ में रखे किसी भी साहित्यिक मसले को मानो उठाना ही असम्भव हो गया है। रोज़-ब-रोज़ राजनीति और राज्य के बढ़ते हुए असर ने हमारी सभी साहित्यगत, कलागत और संस्कृतिगत चेष्टाओं को धीरे-धीरे अपने अन्तर्गत कर लिया है। सत्ता कभी भी एक समाज के सर्वश्रेष्ठ नागरिकों के हाथ में नहीं रही–प्लेटो के सारे राजनीतिक चिन्तन के बावजूद। समकालीन भारतीय राजनीति की बात करें तो सत्ता जब भारतीय हाथों में आई तो भी भारत का सर्वश्रेष्ठ नागरिक–गांधी–उससे बाहर ही रहा। कुछ अपवादों को छोड़कर समाज की बर्बर और अर्द्ध-बर्बर शक्तियाँ ही हमेशा सत्ता के लिए उतावली रहीं जिनके मन में साहित्य तथा कलाओं के लिए एक शासक की उद्‌दंड और अविनम्र मनोवृत्ति रही। या तो उपेक्षा या दबाव। समझदारी के साथ संरक्षण वाली स्थिति कम ही रही। यानी वास्तविक कठिनाई यह रही कि यहाँ उस माने में एक उदार 'राजनीतिक संस्कृति' पूरी तरह विकसित नहीं हो सकी जिसका आदर्श गांधी, नेहरू, नरेन्द्र देव, लोहिया, कृपलानी आदि थे।

मैं यह दलील यहाँ नहीं रख रहा हूँ कि लेखक को सुविधापरक समाज मिले। उलटे मेरी दलील यह है कि उसे राज्य के विरोध में रहकर भी लिख सकने की आज़ादी हो। राज्य की नीतियों से साठ-गांठ वाली स्थिति में नहीं, भंडा-फोड़ वाली स्थिति में भी, उसकी सम्भावना बरकरार रहे।

यह आशा करना तो दूर की बात होगी कि हम अब तक एक ऐसे प्रजातंत्र का विकास कर चुके हैं कि सत्ता देश के सर्वश्रेष्ठ हाथों में ही रहे, लेकिन वह स्थिति सचमुच भयावह होगी कि सत्ता ऐसे हाथों में चली जाए कि देश की सर्वश्रेष्ठ विभूतियाँ उसके शासन में सक्रिय ही न हो पाएँ। असामाजिक तत्त्वों के ख़िलाफ़ एक राज्य नियंत्रण लगाये, यह बात तो समझ में आती है, लेकिन राज्य अपने को किसी भी नियंत्रण से ऊपर समझे यह नहीं समझ में आता। साहित्य द्वारा निगरानी एक सांस्कृतिक इच्छाशक्ति, एक सम्पन्न बौद्धिक

दृष्टिकोण का नियंत्रण है जो सामाजिक और राजनीतिक आचरण पर एक तरह लागू होता है।

बात मैंने साहित्य पर राजनीतिक दबाव से उठाई थी। यह दबाव आज राज्य की ओर से ही आ रहा हो ऐसा नहीं—स्वयं लेखक वर्ग का एक बड़ा हिस्सा भी इसे ज़रूरी समझ रहा है कि आदमी के मौजूदा हाल में अगर कोई फ़र्क़ लाया जा सकता है तो राजनीति द्वारा ही। वे ज़माने लद गए जब लोग समझते थे कि धर्म या शिक्षा-दीक्षा द्वारा यह परिवर्तन लाया जा सकता है। मैं समझता हूँ इस सवाल को ही ग़लत तरह पेश किया जाता है। फिर दुहराना चाहूँगा कि कलाएँ या साहित्य राजनीति के समानान्तर चेष्टाएँ हैं—उसकी मातहत चेष्टाएँ नहीं, उसकी सहयोगी चेष्टाएँ भी नहीं। साहित्य, यदि राजनीतिक शब्दावली में ही कहें तो, एक निर्दलीय राय है और उसकी उपयोगिता इसमें अधिक है कि वह सत्ता के ख़िलाफ़ राय भी दे सके।

एक बार यह सोचना ज़रूरी हो गया है कि क्या सचमुच राजनीति के अलावा ऐसी कोई शक्तियाँ समाज में नहीं हैं जो हमारे जीवन को बेहतर बना सकती हैं—या हमारे जीवन के बेहतर बना सकनेवाली राजनीतिक जीवन को बेहतर बना सकती हों?

यह आख़िरी सदी नहीं है साहित्य के लिए

थी ख़बर गर्म, कि ग़ालिब के उड़ेंगे पुर्ज़े,
देखने हम भी गए थे, प' तमाशा न हुआ।

सदी बदल चुकी है, साहित्य अपनी जगह बाक़ायदा बरक़रार है और ऐसा कोई बड़ा ख़तरा नज़र नहीं आता कि आगामी वर्षों में साहित्य अप्रासंगिक हो जाएगा। हमारे जीवन में प्रति क्षण बदलाव आ रहे हैं। बदलावों से विकास और प्रगति का रास्ता खुलता है। साहित्य बदलावों के विरुद्ध चेष्टा नहीं है। वह एक ऐसी चेष्टा है जो हमें बदलावों के साथ सही सामंजस्य बैठा सकने में हमारी मदद कर सकता है। कभी-कभी वह स्वयं बदलावों का प्रेरक हो सकता है। परिवर्तनों से हम क्या उम्मीद लगाते हैं यह बहुत कुछ हमारे देखने व सोचने के ढंग पर भी निर्भर करता है। साहित्य की मूल चेतना उन मानवीय तत्त्वों की पहचान और रक्षा है, जो किसी भी देशकाल में बेमानी नहीं हो सकते। साहित्य की आधार-चेतना जीवन-सापेक्ष है। वह कभी-कभी इतने अप्रत्यक्ष ढंग से काम करती है कि हमें लगता है जैसे वह है ही नहीं। पिछली सदी में हम देख चुके हैं कि फ़ौजी और तानाशाही व्यवस्थाओं में भी साहित्य ने किस तरह बुनियादी मानव-मूल्यों को दृष्टि से ओझल नहीं होने दिया। महायुद्धों और यातना शिविरों के बावजूद कविता में जो एक शब्द बार-बार बचकर गूंजता रहा वह है–'सर्वाइवल' (survival), जीवन का टिके रहना, उसकी अदम्य जिजीविषा। एक बार हमें भले ही लगे कि परिवर्तनों की इस नई आंधी में साहित्य के पांव उखड़ जाएँगे, पर यह निर्मूल आशंका है। परिवर्तन साहित्य का दुश्मन नहीं है क्योंकि साहित्य स्वयं परिवर्तनों के आगे-आगे चलनेवाली सचेत जीवन-दृष्टि है। प्रौद्योगिकी, सूचना व संचार-तंत्र, बाज़ार-अर्थव्यवस्था आदि का समय साहित्य के लिए ऐसा मुश्किल वक़्त नहीं है। इससे कहीं ज़्यादा मुश्किल वक़्तों को साहित्य झेल चुका है और उसने किसी तरह मनुष्यता के सर्वोच्च मूल्यों को उजागर रखने की युक्तियां भी निकाली हैं। राजनैतिक दृष्टि

से भारत का 'मध्य-काल' भयानक उथल-पुथल, युद्धों और क्रूरताओं का युग था : पर, यही वह समय भी था जब 'भक्ति-काव्य' ने नैतिकता और सौन्दर्य के उन शिखरों को छुआ जो आज भी भारतीय जनमानस, उसकी भाषाओं और कलाओं में रचे-बसे हैं। हज़ार साल तक कविता उस महान सांस्कृतिक, धार्मिक, नैतिक आन्दोलन का वाहक रही जिसका असर आज भी भारतीयता की पहचान पर अमिट है। दुनिया के इतिहास में कविता की जीवन-शक्ति का इतना बड़ा दूसरा उदाहरण मिलना मुश्किल होगा। एक उजड़ती, तहस-नहस दिल्ली में भी अगर मीर और ग़ालिब सम्भव हो सके तो यकीनन साहित्य आनेवाले समय में उससे भी सार्थक रिश्ता बना सकने में सफल होगा।

भाषा की बहुत बड़ी दुनिया है। वह सब जो लिखा जा रहा है, उस कोटि का साहित्य नहीं है जिसके बारे में हम चिन्तित हैं। बहुत कुछ ऐसा भी लिखा जा रहा जो मात्र मनोरंजन, सूचनाओं आदि के लिए है। उन सबको हम ढीले तौर पर 'साहित्य' मान लेते हैं, लेकिन जो गम्भीर साहित्य इस समय हमारी दृष्टि के केन्द्र में है उसका वर्ग अलग है। वह व्यावसायिकता की दौड़ और होड़ में कभी नहीं रहा। आज भी नहीं है। वह समाज की उन संरक्षित या आरक्षित चेष्टाओं में से रहा है जो व्यवसाय-तंत्र से बाहर होती हैं। भले ही यह आरक्षण उसे राजाओं या राज्यों या धार्मिक प्रतिष्ठानों या उच्च शैक्षिक संस्थाओं या फिर एक लेखक के निजी साधनों द्वारा प्राप्त होता रहा हो, लेकिन स्वयं में इस तरह का साहित्य कवि या लेखक की आजीविका का आधार मुश्किल से ही बन पाया है। मीडिया के विकास के साथ उस तरह के लेखन को ज़रूर झटका लग सकता है जो केवल मनोरंजन-प्रचार आदि से जुड़ा साहित्य है, पर गम्भीर साहित्य के लिए मीडिया और सूचनात्मक साहित्य का विकास एक ख़तरा न होकर वरदान साबित हो सकते हैं। ख़ासकर अगर हम जानकारियों की उपलब्धि की सुविधाओं तथा प्रिंटिंग टेक्नोलॉजी और प्रकाशन-तंत्र में होनवाले विकास को ध्यान में रखें तो यह भरोसा बनता है कि आगे चलकर इससे साहित्य के लिए एक बेहतर स्थिति बन सकती है।

बड़े विचार और साहित्य कभी भी एक देश या एक भाषा की भौगोलिक और ऐतिहासिक सीमाओं में बँधकर नहीं रह पाए, ये धीरे-धीरे पूरी दुनिया में फैल गए। फैलने की यह गति अब नए प्रचार और संचार माध्यमों के विकास के साथ और तेज़ हो गई है। इससे साहित्य के लिए अच्छी स्थिति बन सकती है। कोई भी शिक्षित राष्ट्र आज केवल अपने में सिमटकर नहीं रह सकता—दूसरों के साथ आदान-प्रदान आज केवल एक व्यावसायिक ज़रूरत नहीं, भाषायी और सांस्कृतिक ज़रूरत भी है।

अपने साहित्य, कलाओं और संस्कृति को लेकर इस तरह भी सोचना ज़रूरी है कि वह स्वयं दूसरों पर भी कितना और किस तरह का प्रभाव डाल सकने में सक्षम है। विदेशी जातियों, धर्मों, कलाओं, साहित्य आदि से सम्पर्क भारत के लिए नई बात नहीं। आज भारतीय संस्कृति की जो भी पहचान बनी है उसमें अनेक विदेशी तत्त्व शामिल हैं। यह प्रक्रिया आज और भी जटिल हो गई है क्योंकि आज हम ज़्यादा बड़ी और पहले से जटिल दुनिया के ज़्यादा निकट सम्पर्क में हैं। परम्परा और अस्मिता के नाम पर ऐसा नहीं कि भारत ने हमेशा कुछ गंवाया ही है। बहुत कुछ कमाया भी। जो भी विदेशी प्रभाव यहाँ आए उन्हें भारत ने अपनी एक पहचान भी दी। इसी तरह बौद्ध दर्शन और कला जब फैली तो मिस्र से लेकर सुदूर-पूर्व तक तथा श्रीलंका से लेकर धुर उत्तर तक कोई भी देश उनके प्रभाव से अछूता न रहा। यह पहचान गहरे अर्थों में आत्मिक थी जिसे हम आज भी इन देशों की संस्कृतियों में पहचान सकते हैं। यह 'पहचान' उपनिवेशवाद की तरह आक्रामक और फ़ौजी नहीं थी। आज भी हम अंग्रेज़ी के बढ़ते प्रभाव को लेकर चिंतित हैं, लेकिन अंग्रेज़ी पर पड़ रहे भारतीय, एशियाई, अफ्रीकी प्रभावों को लेकर बेख़बर-से हैं। यह साधारण बात नहीं कि अंग्रेज़ी में लिख रहे भारतीय मूल के कई लेखकों का पश्चिम में आज बड़ा पाठक वर्ग है और इन लेखकों ने अंग्रेज़ी पर भारतीयता की विशिष्ट छाप छोड़ी है।

'प्रभाव', 'परम्परा', 'पहचान', 'क्रान्ति' जैसे धारणाओं पर आज लीक से हटकर सोचने की ज़रूरत है। क्रान्तिकारी परिवर्तनों की बात सोचते हुए सबसे पहले 'ख़ूनी क्रांतियों' के बिम्ब दिमाग़ में उभरते हैं, जबकि दुनिया की सबसे बड़ी क्रांतियां वैचारिक, धार्मिक, अहिंसात्मक रही हैं। इसी तरह हम परम्परा को यह मानकर चलते हैं कि वह सतत प्रवहमान जीवनधारा न होकर कोई पूर्वनिश्चित, अपरिवर्तनशील अवधारणा है। इसी तरह बाहरी प्रभावों को हम विजातीय और ग़ैर मानकर उनसे परहेज़ करते हैं, जबकि सच्चाई यह है कि हमारी अपनी अस्मिता को नई ऊर्जा देने में उनकी उत्तेजक और उर्वरक भूमिका हो सकती है। यदि हम सही तरह प्रौढ़ ढंग से सुशिक्षित हैं तो बाहरी प्रभाव या नए परिवर्तन कोई ख़तरा नहीं। तब हम उनके सबसे फूहड़ और सतही आशयों को सबसे पहले नहीं पकड़ेंगे। यह पिछड़ापन है जिसकी जड़ें हमारी अशिक्षा या ग़लत शिक्षा में हैं, विदेशी प्रभावों में नहीं। मुझे पूरी आशा है कि भविष्य में हिन्दी साहित्य को पनपने के लिए उपजाऊ सुशिक्षित क्षेत्र मिलेगा, अशिक्षा की बंजर ज़मीन नहीं।

– 2000

साहित्य, मीडिया और फ़िल्म

इस सदी के अन्त तक पहुँचते-पहुँचते एक स्वतन्त्र ताक़त के रूप में मीडिया का उदय भरपूर अनुभव किया जा रहा है। मीडिया की यह ताक़त दरअसल प्रचार, प्रसार और संचार के साधनों के विकास की तकनीकी ताक़त है, जो शब्द, भाषा और बिम्ब को अपनी तरह इस्तेमाल करती है। अपनी बात कहने के लिए साहित्य भी इन्हीं साधनों को इस्तेमाल करता है। भाषा को लेकर दोनों में यह एक ऊपरी समानता है। इस ऊपरी समानता के कारण कभी-कभी ऐसा भी लगने लगता है कि दोनों का काम एक ही सा है। शायद इसीलिए साहित्य और मीडिया के बीच कहीं एक टकराव की स्थिति बन रही है, क्योंकि साहित्य 'भाषा' और 'अभिव्यक्ति' को लेकर जिस मानवीय ढंग से गम्भीर और सचेत है उसके ख़िलाफ़ मीडिया मशीनी, व्यावसायिक और अमानवीय है। साहित्य जिस काम को गम्भीरता और रचनात्मक ढंग से करना चाहता है, मीडिया उसे चालाक, चलताऊ और सतही ढंग से करके साहित्य के काम में एक बड़ा अवरोध और दख़ल उत्पन्न करता लगता है।

समस्या का दूसरा पहलू साहित्य और मीडिया की 'लोकप्रियता' के सवाल से जुड़ा है। यह सोचना कि साहित्य कम लोकप्रिय हो रहा है क्योंकि टी.वी., वी.सी.आर., रेडियो, पत्र-पत्रिकाओं आदि की लोकप्रियता दिनोंदिन बढ़ती जा रही है, साहित्य और मीडिया के महत्त्व और उनकी ज़रूरत को ग़लत तरह से देखना है। लोकप्रियता का सन्दर्भ दोनों पर एक ही तरह लागू नहीं होता। व्यावसायिक फ़िल्मों और पॉप संगीत की तरह श्रेष्ठ साहित्य कभी भी लोकप्रिय नहीं हो सकता, न कभी रहा है। लोकप्रियता के विभिन्न स्तरों को हमें साहित्य ही नहीं संगीत, फ़िल्म तथा अन्य कलाओं के अन्दर भी मानना पड़ेगा। जिस तरह शास्त्रीय संगीत, सुगम संगीत, उप-साहित्य, अर्द्ध-साहित्य, अप-साहित्य आदि कोटियाँ बनती है, इनके पाठक वर्ग और ग्राहक वर्ग भी हमेशा भिन्न रहे हैं।

जब हम विभिन्न कोटि के साहित्य, संगीत, कला या फ़िल्म की बात करें तो कहीं न कहीं हमें उच्चकोटि की और सीमित लोकप्रियता (अगर ये दोनों पद किंचित विरोधी नहीं हैं!) की बात भी सोचनी चाहिए। इसके पहले कि मुझ पर 'एलीटिसिज़्म' का आरोप लगे मैं कहना चाहूँगा कि किसी भी क्षेत्र के उच्चतम आदर्श को प्राप्त करने की आकांक्षा जीवन-विरोधी नहीं है, भले ही वह तत्काल लाभ और लोकप्रियता न दे पाए। किसी बड़ी उपलब्धि, अन्वेषण या आविष्कार की चेष्टा अपने को केवल तत्काल लाभ की सीमा में नहीं सोचती, काल के बृहत्तर परिप्रेक्ष्य या बृहत्तम आयाम में रखकर सोचती है। हो सकता है उसके पाठक या ग्राहक उसे अपने युग में नहीं, किसी अन्य युग में मिलें। कोई भी बड़ा काम उठाने वाले में अगर इतना आत्मिक और नैतिक बल नहीं है कि वह अपने समय से ऊपर उठ सके, तो शायद वह ऐसा साहित्य दे भी नहीं पाएगा जो उसके समय के बाद भी जीवित रहे। ऐसी चेष्टाएँ सामान्य 'लोकप्रियता' से पहले बृहत्तर 'लोक कल्याण' की बात सोचती हैं।

मीडिया एक व्यावसायिक तन्त्र की उपज और देन है। साहित्य के सामने यह मजबूरी नहीं है कि वह इस तन्त्र की स्पर्धा में या उसकी अपेक्षा भी—अपनी जगह बनाए। उसे इसके बावजूद अपनी जगह बनाए रखना है—वह 'जगह' चाहे जितनी भी छोटी क्यों न हो, उसका 'समय' बहुत बड़ा हो सकता है। उच्चकोटि के साहित्य की मीडिया की अपेक्षा लगभग वही स्थिति बनती है जो उप-साहित्य या अर्द्ध-साहित्य की अपेक्षा बनती है—उप-साहित्य से अगर वह कोई ख़तरा महसूस नहीं करता तो मीडिया के प्रति भी उदासीन रहकर वह अपना काम करता रह सकता है। इस विश्वास के साथ लिखना होगा कि साहित्य मूलतः एक आत्मिक और नैतिक चेष्टा है, व्यावसायिक प्रयोजन नहीं। साहित्य के 'आत्मिक' और 'नैतिक' पक्ष पर दबाव डालने का यह मकसद कतई नहीं है कि मैं मीडिया के 'यथार्थ' को मिथ्या मानकर चलना चाहता हूँ। बल्कि, किसी भी उत्तम प्रयास को एक नैतिक चेष्टा के रूप में परिभाषित करना/देखना हमें यथार्थ की कठिनाइयों के विरुद्ध शक्ति देता है।

मीडिया की ओर से भी साहित्य पर एक नज़र डालना ज़रूरी है ताकि दोनों के बीच पैदा होनेवाले वास्तविक और अनुमानित समीकरणों या विसंगतियों की सही जाँच-पड़ताल की जा सके।

साहित्य की विशुद्ध स्तरीय पत्रिकाओं का हिन्दी में लगभग लोप हो चुका है। उनकी जगह अख़बारों और व्यावसायिक पत्रिकाओं ने ले ली है। उनमें छपनेवाले साहित्य, असाहित्य, उप-साहित्य के बीच विभाजक रेखा इतनी पतली

है कि बहुत सूक्ष्म और पारखी निगाहों से ही उनके बीच फ़र्क़ देखा जा सकता है। यह फ़र्क़, ज़ाहिर है, सामान्य पाठक नहीं देख पाता। शैक्षिक या नैतिक कारणों से वह साहित्य की ओर कम ही जाता है। उच्चकोटि के साहित्य या कलाओं की उसके लिए आमतौर पर एक 'स्नॉब वैल्यू' है, या फिर उनके प्रति एक विनम्र आदर भाव। एक विशिष्ट 'शब्द रचना' या 'भाषायी संरचना' के रूप में उत्कृष्ट साहित्य की पहचान मीडिया के लिए आमतौर पर इतना कामचलाऊ है कि उसके साथ मीडिया कोई गम्भीर आन्तरिक सम्बन्ध नहीं बना पाता, इसीलिए उसके लिए 'साहित्य' का अर्थ भी इतना स्थूल है कि साहित्य के नाम पर किसी भी प्रकार की रचना या सीरियल को टी.वी. या अखबार के माध्यम से दर्शक/पाठक पर थोप दिया जाता है। यह देखते हुए किसी के इस कथन में काफ़ी सच्चाई दिखती है कि "दूरदर्शन की असली समस्या टी.वी. के सामने बैठे लोग ही नहीं हैं, उसके पीछे बैठे लोग भी हैं।" मेरा ख़याल है कि किसी हद तक साहित्यकार भी इस स्थिति के लिए ज़िम्मेदार है कि वह अभी तक टी.वी. जैसे नए माध्यम के रचनात्मक इस्तेमाल का सशक्त साहित्यिक रूप विकसित नहीं कर पाया है। छापेखाने के आविष्कार के साथ उपन्यास विधा का विकास अभिन्न रूप से जुड़ा हुआ है। टी.वी. सीरियल्स का स्वरूप औपन्यासिक है–नाटकीय और कथात्मक के बीच जगह बनाता हुआ–और तकनीकी दृष्टि से फ़िल्म कला के आसपास। बहुत पहले अमरीकी फ़िल्म निर्देशक ऑर्सेन वेल्स (Orson Welles) ने काव्य-प्रक्रिया और फ़िल्म-रचना में बिम्ब-संयोजन के बीच गहरी रचनात्मक समानता की चर्चा की थी। आइज़ेन्स्टाइन (Eisenstein) के 'मोन्ताज' (montage) सिद्धान्त में भी हम बिम्बों और विभिन्न दृश्यों के सम्पादन की कला में काव्यात्मक तकनीक को पहचान सकते हैं।

शब्दों की तरह बिम्बों और संकेत चिह्नों को भी सम्प्रेषण के बृहत् परिप्रेक्ष्य में रखकर देखने का मतलब है भाषा का नई तरह विस्तार, यानी शब्दों और भाषा को एक बिलकुल मौलिक ढंग से इस्तेमाल कर सकना। अपनी बाल्यावस्था में फ़िल्म-कला नाटकीय थी–यानी सेल्यूलाइड पर नाटकों की प्रस्तुति। हम ग्रिफिथ (Griffith) की फ़िल्मों या 'आलमआरा', 'सत्य हरिश्चन्द्र', 'माया मछीन्द्र', 'हातिम ताई' जैसी फ़िल्मों को याद कर सकते हैं। उस ज़माने की फ़िल्में नाटक की भाषा और शैली में सोचती थीं। उन्होंने अपनी स्वतन्त्र भाषा अभी विकसित नहीं की थी। आइज़ेन्स्टाइन ने पहली बार साहित्यिक भाषा की वर्णन-प्रधान पद्धति को तोड़ा और फ़िल्म-कला को 'मोन्ताज' पद्धति दी। फ़िल्म कला में यह एक क्रान्ति थी। पहली बार फ़िल्मों

ने बिम्बों की भाषा में सोचना और उनका प्रयोग करना सीखा। फ़िल्म-कला की पूरी रचना-प्रक्रिया इससे बदल गई। टुकड़े-टुकड़े और खंड-खंड यथार्थ-चित्रों को अनूठे और अर्थपूर्ण ढंग से जोड़ सकने की कल्पनाशक्ति एक नई कला का आधार बनी। यह फ़िल्म एक तरह से 'नाटकीय' परम्परा से मुक्ति की चेष्टा थी। दूसरे अर्थों में, वह 'नाटकीय' को नाटक की शर्तों पर नहीं, अपनी तरह इस्तेमाल करने के लिए स्वतन्त्र हुई। एक अच्छी मौलिक फ़िल्म-स्क्रिप्ट का मतलब एक अच्छी साहित्यिक रचना भी माना जा सकता है। वह साहित्य की मात्र विवरण या प्रस्तुति नहीं है। अपने हक़ में भी एक जायज़ साहित्यिक कृति है—उस वक़्त भी जब वह किसी साहित्यिक कृति को एक फ़िल्म स्क्रिप्ट में बदलती है। शेक्सपीयर के 'मैकबेथ' या 'किंग लिअर' को ज्यों-का-त्यों फ़िल्मों में न रखकर जब कुरोसावा एक फ़िल्म की अपनी रचनात्मक ज़रूरतों के अनुसार एक बिलकुल नया रूप देते हैं तो वे नाटकीय परम्परा का अनुसरण नहीं करते। अपनी फ़िल्मी ज़रूरतों को सर्वोपरि रखते हैं। यह साहित्य का नकार नहीं है, साहित्यिक सामग्री के साथ एक नया काव्यात्मक-रचनात्मक रिश्ता है, लगभग उसी तरह जैसे कभी शेक्सपीयर ने अपने ऐतिहासिक नाटकों को लिखते समय ऐतिहासिक सामग्री के साथ बनाया होगा। जब मैं एक टी.वी. सीरियल के लिए कहता हूँ कि वह 'औपन्यासिक' है या नाटकीय है, तो मेरा मतलब छोटे पर्दे की 'भाषा' में उसका एक साहित्यिक कृति के 'वर्णन' या नाटक की तरह पेश किए जाने से है। यानी वह साहित्यिक सामग्री के साथ कोई गहरा और नया रिश्ता नहीं बना पा रही क्योंकि अपने माध्यम में उसकी रचनात्मक जड़ें कमज़ोर हैं। ठीक उसी प्रकार जब एक साहित्यकार टी.वी. के लिए लिखता है तो वह उस माध्यम में कच्चा होने के कारण सही 'स्क्रिप्ट' नहीं दे पाता। उसको वह मूलतः नाटक की तरह सोचता है—टी.वी. स्क्रिप्ट की तरह नहीं, जो अभी बननी है।

प्रश्न यहाँ केवल एक अच्छे साहित्यकार होने का ही नहीं है, जिस माध्यम के लिए रचना तैयार की जा रही है उसके प्रति भी रचनाशील और कल्पनाशील होने का है। एक साहित्यिक कोटि का सीरियल दिलचस्प हो सकता है बिलकुल उप-साहित्यिक कोटि के सीरियल की तरह। प्रेमचन्द के उपन्यास और कहानी छोटे पर्दे पर ख़ासे पसन्द किए गए, पर शायद उन कारणों से नहीं जिन कारणों से हम उन्हें महान साहित्य मानते हैं। अकसर यह देखने में आया है कि जहाँ एक साधारण उपन्यास बेहतर फ़िल्म या टी.वी. फ़िल्म में बदल सका है वहीं महान् कृतियाँ फ़िल्मों में बदले जाने के बाद अपनी महानता का कुछ न कुछ

हिस्सा खो देती हैं। 'गॉन विद द विंड' या 'पाथेर पंचाली' अगर औसत उपन्यासों पर आधारित बेहतर फ़िल्में हैं तो 'वॉर एण्ड पीस' या 'ब्रदर्स कारामाज़ोव' पर बनी फ़िल्में इन महान् उपन्यासों के साथ पूरा न्याय नहीं कर पातीं। उपरोक्त संदर्भों में, एक शब्द-रचना जहाँ पाठक की कल्पना के लिए पूरी छूट छोड़ती है, वहीं एक बिम्ब-रचना उस कल्पना को निश्चितता प्रदान करके सीमित करती है।

– 2000

साहित्य और पत्रकारिता

अक्टूबर 2004 के 'फ्रंटलाइन' में अरुंधति रॉय का एक लेख छपा था–'पब्लिक पॉवर इन द एज ऑफ़ एम्पायर'। पर मेरा मकसद यहाँ उस लेख का सार प्रस्तुत करना नहीं है बल्कि उसे निमित्त बनाकर 'स्थिति' का व्याख्यात्मक पुनर्पाठ है कि एक विश्वविख्यात उपन्यास-लेखिका अपने राजनीतिक और सामाजिक सरोकारों को उपन्यास या कहानियों के माध्यम से न व्यक्त करके सीधे मीडिया के ज़रिए भाषणों और आलेखों द्वारा–और ज़रूरत पड़ने पर आन्दोलनी कार्रवाइयों द्वारा भी, जेल जाने तक के ख़तरे उठाकर–अंजाम देने की कोशिश करती है। फ़िलहाल, कुछ सवाल जो अनायास मन में उठते हैं उन पर ग़ौर किया जाना मुझे इस अवसर पर प्रस्तावित विषय के भी अनुकूल लगता है।

क्या इससे यह ध्वनित होता है कि इस समय मीडिया साहित्य से अधिक शक्तिशाली भूमिका निभा रहा है–न केवल हमारे जीवन में, बल्कि हमारे लिए पाठ्य-सामग्री तैयार करने के मामले में भी? हमारा जो 'पाठकीय कार्यक्रम' सुबह के अख़बार से शुरू होता है कहीं एक ऐसे विकल्प का पर्याय तो नहीं बनता जा रहा है जो किसी भी कहानी या उपन्यास से ज़्यादा दिलचस्प, सनसनीख़ेज़ और मनोरंजक होने में समर्थ है? ख़बरें हमें आकृष्ट करती हैं–और इस वजह से और भी आकृष्ट करती हैं कि वे सच्ची हैं। कहानी उसी वक़्त अपनी बाज़ी हार जाती है जब यह स्वीकार करके चलती है कि वह 'कहानी' है, भले ही वह सच्ची घटनाओं पर आधारित हो। तात्कालिक जलते प्रश्नों की चीख़ती सच्चाइयाँ कहानी की कला में ढाले जाने का इंतज़ार नहीं करतीं : अपने घटित होने को मीडिया द्वारा घोषित किए जाने के लिए बेताब रहती हैं–शब्दों द्वारा, बिम्बों द्वारा। ख़बरों को 'कहानी' बनाकर छापने में आज पत्रकार कहानीकार से कुछ आगे ही नज़र आता है।

गम्भीर विषयों को लें तो भी आधुनिक मीडिया हमारे समय के श्रेष्ठतम लेखकों और विचारकों को आकृष्ट कर रहा है और उनके बारे में हमारी

जानकारियों का ख़ासा बड़ा स्रोत अख़बार, टी.वी. और मैगज़ीनें हैं। तो क्या इससे यह नतीजा निकाल लेना जायज़ होगा कि साहित्य की दुनिया या जगह सिकुड़ती जा रही है, या वह हाशिए में आ रही है?

बात को दूसरी तरह से सोचना भी ज़रूरी है। एक साहित्यकार की संवेदना और उसका लेखकीय क्राफ़्ट या कौशल किस तरह उसके—तथा दूसरों के भी—ग़ैर-साहित्यिक लेखन को प्रभावित करता है। जब एक रिपोर्टर अपनी रिपोर्ट को एक कहानी की तरह दिलचस्प और पठनीय बनाना चाहता है तो जाने-अनजाने 'कहानी की कला' के प्रति अपने ऋण को स्वीकार कर रहा होता है। साहित्य सीधे अपनी विषय-वस्तु द्वारा ही नहीं अपने फॉर्म और भाषा-शैली द्वारा भी दूर तक प्रभाव डालता है। साहित्य भाषा की बाहरी और भीतरी क्षमताओं के उत्खनन का सबसे संवेदनशील और जागरूक क्षेत्र है।

यहाँ मैं कुछ विशेष वजहों से अरुंधति रॉय के लेखन को चर्चा में रख रहा हूँ। एक साहित्यकार की हैसियत को किसी भी औपचारिक प्रतिबद्धता से मुक्त रखते हुए उन्होंने अमरीकी और भारतीय व्यवस्थाओं की अन्दरूनी विसंगतियों और निर्लज्ज धूर्तताओं को निर्भयता से उघाड़ा है। उनके लेखन की मूल शक्ति उनकी सधी हुई भाषा और तथ्यों को लगभग वैज्ञानिक सावधानी से इकट्ठा और संयोजित कर सकने में है। वे तथ्यों को प्रमाण से अधिक तर्क की तरह इस्तेमाल करती हैं।

कुछ सवाल जो भारतीय राजनीतिक व्यवस्था को लेकर उठते रहे हैं उन्हें अधिक तीखे और बेलौस ढंग से उठाते हुए पूछा गया है—आज के राष्ट्रीय और अन्तर्राष्ट्रीय सत्ता-संघर्ष को देखते हुए जनतन्त्र कितना जनतांत्रिक बचा रह गया है? एक सरकार को सत्ता में ले आने के बाद वोटर के पास कितनी शक्ति या क्या उपाय बचते हैं कि यदि अपने कार्यकाल में एक सरकार अयोग्य और भ्रष्ट साबित होती है तो उसका कारगर प्रतिरोध किया जा सके? तोड़फोड़, हिंसा और आतंक का रास्ता दूर तक हमारा साथ नहीं देता : वह एक राष्ट्र की संगठित शक्ति के सामने एक कमज़ोर उपाय है। सामान्य नागरिक-जीवन को अस्त-व्यस्त करता है, और समाज में एक अराजक स्थिति की मानसिकता बनाता है।

दो उपायों की ओर ध्यान जाता है। एक तो गाँधी का असहयोग आन्दोलन जिसकी नैतिक और नागरिक शक्ति को ठीक से समझना होगा—आदर्शमूलक ढंग से नहीं, बहुत ही व्यावहारिक ढंग से। उसे कह सकते हैं अस्वीकार की राजनीति। यह आर्थिक साम्राज्यवाद का ज़माना है : उसने अपने पुराने मुखौटे को उतार कर उपभोक्तावाद का नया लुभावना मुखौटा पहन लिया है। गाँधी की आज़ादी की

लड़ाई से पहले देश में विदेशी माल की खपत से आज़ादी की लड़ाई थी, जो खादी-आन्दोलन और नमक-आन्दोलन जैसे देशव्यापी सत्याग्रह में साकार हुई। उपभोक्ता-संस्कृति की अपनी राजनीति और अर्थ-नीति है। आज बड़ी-बड़ी अन्तर्राष्ट्रीय कम्पनियों की एक देश की राजनीति में भी उतनी ही सक्रिय हिस्सेदारी है (चाहे वह प्रत्यक्ष हो या परोक्ष) जितनी देश की उत्पादन और आर्थिक व्यवस्थाओं के निर्धारण में। आज अगर देखते-देखते ईराक और अफगानिस्तान जैसे देश उजाड़ दिए जाते हैं तो उनके पीछे सिर्फ़ राजनीति नहीं, राजनीति से जुड़े आर्थिक स्वार्थों का गहरा षड्यन्त्र है। मीडिया भी इस व्यवस्था-तन्त्र के दबाव से मुक्त नहीं, और इस तन्त्र के ख़िलाफ़ उठनेवाली आवाज़ों को 'ब्लैक-लिस्ट' करने, या उन्हें दबाने में, वह उसी तन्त्र का एक पुरअसर औज़ार बन जाता है। खाड़ी-युद्ध, ईराक-युद्ध या अफगान-युद्ध इस तरह पेश किए जा सकते हैं मानो वे भयानक युद्ध नहीं बच्चों के खेल हों!

इस सन्दर्भ में साहित्य की क्या भूमिका हो सकती है? ग़ालिब का एक शेर याद आता है—

सुख़न में ख़ामये-ग़ालिब की आतिश-अफ़शानी
यकीं है हमको भी लेकिन उसमें दम क्या है!

अभी हाल ही में, दिल्ली विश्वविद्यालय में, 'न्यू लेफ़्ट रिव्यू' के सम्पादक और प्रमुख ब्रिटिश मार्क्सवादी चिन्तक पेरी ऐंडर्सन (Perry Anderson) ने ईराक-युद्ध का विरोध करनेवाले पाश्चात्य देशों का हवाला देते हुए शिकायत की थी कि उनका विरोध मूलतः सैद्धान्तिक और सांस्कृतिक स्तर का था : उनके पीछे कोई गहरा सामाजिक और राजनीतिक दमख़म नहीं था! उनकी बात में सच्चाई हो सकती है, पर मैं सैद्धान्तिक और सांस्कृतिक विरोध को भी इतना नगण्य नहीं मानता। उस विरोध ने, चाहे वह असहमति बराबर ही रहा हो, निश्चित रूप से इस युद्ध की घोर अनैतिकता को दुनिया के सामने रेखांकित किया। साहित्य अगर इतना भी करता है तो कम नहीं। इमरजेंसी के दौरान अपने एक लेख में मैंने समाज में अ-राजनीतिक सशक्त 'प्रेशर पॉइंट्स'—दबाव-बिन्दुओं—के सचेत और सक्रिय रहने की बात उठाई थी जो राजनीति पर भी पैनी नज़र रख सकें। उस बात को एक बार फिर दुहराना मुझे ज़रूरी लगता है कि वह संस्कृति, चेतना के कितने विभिन्न स्तरों पर समृद्ध है और कितने विभिन्न स्तरों पर एक भाषा में उसे प्रकट कर सकने की सामर्थ्य है। जिस तरह सांस्कृतिक और न्यायोचित चेतना का वैश्विक बहुमत बन सकना संभव है, वैसा शायद राजनीतिक और आर्थिक

आग्रहों का नहीं, क्योंकि वे कभी भी सर्वथा निःस्वार्थ नहीं हो सकते। अपेक्षतया साहित्य और कलाओं का सन्दर्भ अधिक मानवीय और विश्वव्यापी होना स्वाभाविक है। साहित्य को प्रतिरोध के इस ज़्यादा बड़े दायरे में कहीं अपने सशक्त हस्तक्षेप को महसूस कराना होगा।

— 2004

साहित्यिक पत्रकारिता

(सन्दर्भ : 'कल्पना' पत्रिका)

आज़ादी के बाद के तीन-चार दशकों को कई तरह याद किया जा सकता है। अपने लिए उन वर्षों को कुछ इस तरह याद रखना पसन्द करता हूँ—कि वे संघर्ष के वर्ष नहीं थे, निर्माण के वर्ष थे। ठोस और सार्थक कुछ कर गुज़रने के वर्ष थे। कुरुक्षेत्र के नहीं कर्मक्षेत्र के विस्तार के वर्ष थे। साहित्य की ज़मीन पर काम करते हुए मैंने हमेशा महसूस किया कि उसकी मानसिकता और संस्कृति मनुष्य की विनाशक से कहीं अधिक उसकी निर्माण-शक्तियों का दर्पण है। इस विश्वास से मुझे बार-बार प्रेरणा और उत्साह मिला है।

आज़ादी के बाद साहित्यिक होश सम्भालते ही जब हिन्दी साहित्य के मौजूदा परिदृश्य पर एक नज़र डाली तो जिन साहित्यिक पत्रिकाओं पर नज़र टिकी, और टिकी रह गई, उनमें शायद अज्ञेय द्वारा सम्पादित 'प्रतीक' और बदरी विशाल पित्ती द्वारा सम्पादित 'कल्पना' को पहली पंक्ति में रखना चाहूँगा। उस समय साहित्यिक पत्रिकाओं की ऐसी भरमार नहीं थी जैसी आजकल है। गिनी-चुनी पत्रिकाएँ थीं जैसे 'वसुधा', 'आलोचना', 'कृति', 'नयापथ', 'युगचेतना', 'माध्यम', 'ज्ञानोदय', 'कहानी' वग़ैरह या फिर 'सप्तक', 'पहचान', 'निकष', 'नयी कविता' जैसे अनियतकालीन संकलन थे जिनके द्वारा नई साहित्यिक चेष्टाएँ अपनी सक्रिय उपस्थिति दर्ज करा रही थीं। पुरानी पत्रिकाओं में 'सरस्वती' अभी भी निकल रही थी लेकिन उसका महत्त्व ऐतिहासिक दायरे में जा चुका था। व्यावसायिक पत्रिकाओं में नए साहित्य को लेकर धर्मवीर भारती द्वारा सम्पादित 'धर्मयुग' की एक महत्त्वपूर्ण हस्तक्षेपी भूमिका बन रही थी। उस समय ढेरों पत्रिकाएँ नहीं थीं पर जो थीं अपनी-अपनी तरह नए साहित्य की विभिन्न ज़रूरतों को पूरा कर रही थीं और साहित्यिक परिदृश्य को समृद्ध। इन सबके बावजूद, या इन सबके बीच भी, 'कल्पना' यदि साहित्यकारों की एक बड़ी संख्या को अपनी ओर आकृष्ट कर

सकी तो उसके कारणों पर थोड़ा पुनर्विचार आज के सन्दर्भ में भी उपयोगी हो सकता है।

शुरू से ही 'कल्पना' की नीति उदारवादी रही—समाजवाद की ओर किंचित झुकी हुई। 'कल्पना' के संस्थापक और मुख्य सम्पादक पित्ती जी, शुद्ध लेखकीय अर्थों में, साहित्य के ख़ास आदमी नहीं रहे लेकिन साहित्य की पृष्ठभूमि में अपने को यत्न से छिपाए रखकर साहित्य के लिए काम करनेवाले उन दुर्लभ व्यक्तियों में से रहे हैं जिनके सम्पर्क में आनेवाला हर सजग साहित्यकार किसी-न-किसी रूप में उनका आभार अनुभव करता रहा है। ठीक उन्हीं अर्थों में पित्ती जी कला, संगीत, पुराकलाओं आदि के भरोसेमन्द पारखियों और रसज्ञों की उस दुर्लभ प्रजाति के जीव हैं जिनकी उपस्थिति कलाओं की दुनिया को समृद्ध करती है। हम ऐसे लोगों को साहित्य और कलाओं के संरक्षक के रूप में देखने के इतने आदी हो जाते हैं कि अकसर यह भूल जाते हैं कि उनका संरक्षण भी ज़रूरी है—हमारी उपेक्षा और स्वार्थपरता से बचाव—कि जिनसे हमारी कलाएँ और साहित्य संरक्षण पाते हैं उनके परोक्ष योगदान के प्रति भी समाज को सचेत रखा जाए। साहित्य और कलाएँ केवल साहित्यकारों और कलाकारों की ही दुनिया नहीं है। कुछ-कुछ उस पर्यावरण की तरह है जिसमें लेन-देन का स्वस्थ सन्तुलन और योग हो।

पित्ती जी से मेरे सम्बन्ध केवल साहित्यिक नहीं रहे, पारिवारिक भी रहे हैं—और उन बहुत ही विनम्र अर्थों में समाजवादी भी जिसके मूल स्रोत आचार्य नरेन्द्र देव, डॉ. राम मनोहर लोहिया, जयप्रकाश नारायण, आचार्य कृपलानी, गोपाल नारायण सक्सेना आदि रहे हैं। उस समय रघुवीर सहाय, विजयदेव नारायण साही, कमलेश और मुझ जैसे अनेक लेखकों को उग्र वामपंथ की अपेक्षा समाजवाद की उदारवादी नीति ने अधिक आकृष्ट किया था। उपरोक्त अधिकांश नेताओं से पित्ती जी के और मेरे परिवार के भी घनिष्ठ सम्बन्ध थे। पित्ती जी का लखनऊ और फ़ैज़ाबाद में भी मेरे घर पर आना-जाना होता रहता था—मुख्यतः डॉ. लोहिया और पालन जी के कारण। लेकिन हमारे बीच निकटता का मुख्य कारण राजनीति नहीं थी। साहित्य, शास्त्रीय संगीत और कलाओं में गहरी रुचि हमारे बीच घनिष्ठता का ज़्यादा बड़ा कारण थी। उनके साथ एक बार उस्ताद रहीमुद्दीन ख़ां डागर से लखनऊ में भेंट की एक प्रसन्न स्मृति आज भी मेरे मन में है। हैदराबाद में पुराकलाओं, मध्ययुगीन चित्रों और रामकथा श्रृंखला के हुसैन के चित्रों के उनके संकलन को देखना एक अपूर्व अनुभव था।

'कल्पना' के व्यक्तित्व को हम पित्ती जी के इन शौक़ों से अलग करके नहीं आँक सकते। कुल मिलाकर उसका एक सौम्य और सुसंस्कृत व्यक्तित्व बनता

था। यह बात भी ग़ौरतलब है कि उनके सम्पादक-मंडल में रघुवीर सहाय, कृष्णनाथ, कमलेश और प्रयाग शुक्ल जैसे लेखक रहे जिनकी वजह से 'कल्पना' की वह छवि बरकरार रही जिसे पित्ती जी की भी कल्पना कह सकते हैं। पत्रिका में मतभेदों के लिए जगह बनती थी, लेकिन वह स्वयं किसी मताग्रह का मंच नहीं बनी। उसने साहित्य की बुनियादी ज़रूरतों पर ध्यान दिया और उसकी मर्यादा को प्राथमिकता दी। राजनीतिक और व्यावसायिक दोनों अतियों से बचते हुए 'कल्पना' ने साहित्यिक पत्रकारिता की जो एक उदार और ईमानदार मिसाल प्रस्तुत करने का प्रयत्न किया उसे हम आज भी कृतज्ञता से याद करते हैं। 'कल्पना' की इस पहचान को अगर बहुत थोड़े शब्दों में कहना हो तो कह सकता हूँ कि वह उस वक़्त के लिए एक बहुत सही पत्रिका थी। यह ठीक है कि उस समय भी 'कल्पना' साहित्य की सभी ज़रूरतों को पूरा नहीं करती थी, लेकिन उस तरह की पत्रिका का होना जिस तरह साहित्य के परिदृश्य को एक पूर्णता देता था वह अपने आप में एक उपलब्धि थी।

– 2003

अनुवादकों की ऐतिहासिक देन

दुनिया के सांस्कृतिक इतिहास में अनुवादकों की अत्यन्त गण्य और बुनियादी भूमिका रही है। उनके योगदान को आमतौर पर हाशिए में रखकर सोचा जाता रहा है, जबकि उनके भाषायी, वैचारिक और सांस्कृतिक देन की एक महत्, त्यागी और पराक्रमी परम्परा है। अनुवादों की यह लम्बी परम्परा मनुष्य के बौद्धिक-इतिहास के साथ जुड़ी है।

बौद्ध धर्मग्रन्थों को सोचते हुए उनके अनुवादकों, अनुयाइयों और प्रचारकों की लगभग एक अटूट शृंखला दिमाग़ में घूम जाती है जो न जाने कितने ख़तरे उठाकर देश-विदेश में घूमते रहते थे दुर्लभ ग्रन्थों की खोज में, और उनके अनुवादों के लिए अपना पूरा जीवन अर्पित कर देते थे। आज हमारे लिए उस उत्साह और संकल्प-शक्ति को समझ पाना मुश्किल है जब अपनी जान पर खेलकर एक फ़ाहियान या हुएनत्सांग दुर्गम पहाड़ों और बीहड़ रास्तों को पार करके भारत आए, केवल दुर्लभ ग्रन्थों के लिए, और खच्चरों पर लादकर इस अमूल्य ख़ज़ाने को लेकर अपने देश लौटे। ऐसे तमाम समर्पित यात्रियों और अनुवादकों से इतिहास भरा पड़ा है जिन्होंने मनुष्य-जाति की इस वैचारिक, कलात्मक और साहित्यिक सम्पदा की रक्षा को अपना परम धर्म माना।

तेरहवीं सदी में बख़्तियार खिलज़ी ने जब नालन्दा वि.वि. का विध्वंस किया तो उसके लिए इस पुस्तक-प्रेम को समझ पाना असंभव रहा कि जो विद्वान नालन्दा से तिब्बत की ओर भागे वे सोना लेकर नहीं केवल कुछ ग्रन्थों को लेकर भागे। हम सब सिकन्दर के भारत पर आक्रमण से तो परिचित हैं, पर यह कम लोग जानते हैं कि सिकन्दर जब आम्भि द्वारा शासित तक्षशिला में ठहरा तो उसके साथ आए अनेक दार्शनिक और विद्वान तक्षशिला की विशद शैक्षिक व्यवस्था को देखकर दंग रह गए थे, और उनके अनुरोध पर उसने यूनान लौटते वक़्त रास्ते में उसी तरह के कई विश्वविद्यालयीय नगरों की स्थापना की जिनमें से अलेक्ज़ेंड्रिया लाइब्रेरी, दो अग्निकांडों के बाद भी, आज तक मौजूद है।

यहाँ अलेक्ज़ेंड्रिया लाइब्रेरी (उत्तरी इजिप्ट) के बारे में थोड़ी जानकारी उपयोगी और दिलचस्प होगी।

लाइब्रेरी की योजना और व्यवस्था बहुत कुछ विश्वविद्यालयीय ढंग की थी। उसे इजिप्ट के शासकों (Ptolemys) का सरकारी संरक्षण और अनुदान आदि प्राप्त था। देश-विदेश के तमाम विद्वानों, दार्शनिकों, साहित्यकारों आदि के आवास और खान-पान का समुचित प्रबन्ध था। उस समय अलेक्ज़ेंड्रिया व्यापार और विद्वत्ता का एक प्रमुख केन्द्र था और वहाँ इस विशाल लाइब्रेरी का होना दुनिया भर के विद्वानों को आकृष्ट करता था। उनके बीच गहन विचार-विमर्श और वाद-विवाद होते थे।

इस तरह विद्वत्ता, जानकारियाँ और ज्ञान की एक तरह की सामासिक संस्कृति के विकास में इस केन्द्र का बहुत बड़ा हाथ था।[1] प्रमाण हैं कि इन गोष्ठियों में भारत के विद्वान भी हिस्सा लेते थे। उदाहरण के लिए जब हम सूफ़ी विचारों में प्लेटो और वेदान्तिक तत्त्वों का पुट देखते हैं तो हमारा ध्यान अनायास ही इस्लाम-पूर्व के उस वैचारिक वातावरण की ओर जाता है जिसमें प्लॉटिनस (Plotinus) के नव-प्लेटोवाद का बोलबाला था और उसका अरबी भाषा में ज़ोरों से अनुवाद हो रहा था। (कुछ अनुवादकों को यह भी भ्रम था कि 'प्लॉटिनस' दरअसल प्लेटो का ही लातिनी नाम है!) प्लॉटिनस के बारे में फ़िलहाल इतना ही कहना चाहूँगा कि उसका Enneads पढ़ते समय असम्भव है कि हमारा ध्यान उपनिषदों की ओर न जाए! प्लॉटिनस के काफ़ी बाद तक यूनानी, हेब्रू, बाइज़ेंटाइन, लैटिन, संस्कृत, चीनी, अरबी आदि भाषाओं के बीच आदान-प्रदान का सिलसिला जारी रहा। आश्चर्य नहीं यदि आज हमें सूफ़ी, ईसाई, भारतीय आदि धर्मों और मिथकों में ऐसे तमाम तत्त्व मिलते हैं जिनकी जड़ें इन विचारों में हैं। पिछले चार-पाँच दशकों में ऐसी तमाम ऐतिहासिक जानकारियाँ प्रकाश में आई हैं जो यूरेशिया के इतिहास की संयुक्तता पर नई तरह सोचने की सामग्री और दृष्टि देती हैं। धीरे-धीरे हम अनुभव करते हैं कि संस्कृतियों और विचारों का इतिहास युद्धों के इतिहास से कहीं अधिक रोचक और साहसिक रहा है, ख़ासकर उनकी जीवनरक्षा और विकास की युक्तियाँ।

राजदरबारों में गुणी विद्वानों, साहित्यकारों, कलाकारों, ज्योतिषियों, पंडितों आदि का विशेष आदर था। शासकों के लिए यह शान की बात समझी जाती थी

1 'Early Contacts between India and Europe' by H.G. Rawlinson, in 'A Cultural History of India' edited by A.L. Basham, Oxford University Press, Delhi, 1975.

कि दुनिया की श्रेष्ठतम बौद्धिक विभूतियाँ उनके दरबार की शोभा बनें। इसके प्राचीनतम उदाहरण मौजूद हैं–भारत में भी और अन्यत्र भी। अकबर के नौ-रत्न उसी प्रथा की एक उज्ज्वल कड़ी हैं।

इस लम्बे किन्तु ज़रूरी विषयान्तर के बाद फिर एक बार अनुवादकों की ओर लौटता हूँ तो अचानक कुमारजीव (343-413 ई०) का नाम याद आता है। उसके पिता कुमारायण कश्मीरी पंडित थे और माता जीवा, तुर्की-चीनी राजवंश की तथा कूचा के सम्राट की बहन थीं। कुमारजीव की ख्याति दूर-दूर तक फैल चुकी थी। हर सम्राट चाहता था कि कुमारजीव उसके दरबार की शोभा हों। चांगान (अब शिआन) के शासक होशिएन जब उसे बातचीत द्वारा न पा सके तो उन्होंने सेना भेजकर कूचा पर आक्रमण किया और ज़बर्दस्ती उसे चांगान में रखना चाहा। इसी बीच होशिएन की हत्या हो गई। उसके राज्य पर उसी के एक विश्वस्त सेनापति ने कब्ज़ा कर लिया। कुमारजीव चांगान न पहुँच सका। डू-हुआंग में, होशिएन के सेनापति लूकुआंग की हिरासत में उसके अठारह वर्ष बीते। यहीं उसने चीनी भाषा को सीखा और अनेक बौद्ध ग्रन्थों का अनुवाद किया। उसके द्वारा किया गया 'पुंडरीक सूत्र' का चीनी अनुवाद आज भी जापान में अत्यन्त आदर से देखा जाता है।

कुमारजीव के सन्दर्भ में कुछ बातों की ओर विशेष रूप से ध्यान जाता है– ख़ासकर आज की स्थितियों को देखते हुए। कुमारजीव की मातृभाषा तुखारियन (Tokharian-A) थी–Indo-European भाषा परिवार की, जिसका एक रूप (Tokharian-B) आज भी कूचा में बोला जाता है और पूर्वी-यूरोप की कई भाषाएँ इसी तुखारियन मूल की हैं। कुमारजीव के लिए संस्कृत, और बाद में चीनी भी, सीखी हुई भाषाएँ थीं।

इन भाषाओं को सीखने में और फिर उनमें इतने सटीक अनुवाद करने में कुमारजीव ने जिस प्रतिभा, धैर्य और परिश्रम का परिचय दिया होगा वह आज भी चकित कर देता है। ख़ासकर यह कि कुमारजीव ने संस्कृत और चीनी भाषा में अनुवाद करते समय चीनी भाषा में (एक सीखी हुई भाषा में!) कुछ बुनियादी परिवर्तन और 'सुधार' करने का साहस किया, जिन्हें आज तक कोई चुनौती नहीं दे सका है–न उसके अनुवादों पर कोई उँगली रख सका! लगभग तीन सदी बाद, कुमारजीव की ही तरह प्रतिभासम्पन्न और समर्पित बौद्ध यात्री और विचारक हुएनत्सांग ने भी कुमारजीव के अनुवादों को भरपूर स्वीकार किया, केवल इस छोटी-सी टिप्पणी के साथ कि धर्मग्रन्थों में आए दुहरावों को हटाना नहीं चाहिए था, जैसा कि कुमारजीव ने किया।

कुमारजीव द्वारा किए गए सुधारों की सैद्धान्तिकी अत्यन्त दिलचस्प है तथा आज भी ख़ासे माने रखती है। अनुवाद मूल की तरह पठनीय हो? या अनूदित भाषा में उसका कलेवर बदल सकता है? इस सवाल के उत्तर में कुमारजीव ने बिलकुल मौलिक और साहसपूर्ण सुझाव रखा। उससे पहले चीनी भाषा में pairing–यानी दो भाषाओं में मिलते-जुलते मुहावरों में अनुवाद–का चलन था। यदि बुद्ध का कोई 'वचन' चीनी में लाओत्से या कन्फ्यूशियस के कथन से मिलता-जुलता हो तो उसे बुद्ध के वचन का पर्याय मान लेने में कोई हर्ज नहीं। कुमारजीव की पारखी निगाहों ने अनुवाद की इस बुनियादी विसंगति पर उँगली रखी। अनुवाद में बुद्ध के विचारों की पवित्रता को ज्यों-का-त्यों रखने के लिए एक नई तरह की चीनी भाषा का लगभग आविष्कार करना होगा, न कि उधार के मुहावरों से काम चलाना! यह एक बड़ा काम था जिसे कुमारजीव ने सफलता से कर दिखाया, और अपने शिष्यों को भी सिखाया।

कविताओं के अनुवादों में आज भी यह एक प्रमुख समस्या है कि उसमें कहाँ तक मूल का स्वरूप सुरक्षित रह पाता है? अनुवाद में मूल कविता एक नया जन्म लेती है? या सिर्फ़ नए कपड़े बदलती है? कुमारजीव का झुकाव पहले विकल्प की ओर ज़्यादा रहता है।

दूसरे शब्दों में, कुमारजीव ने एक अनुवादक के काम को विस्तृत करते हुए चीनी भाषा में बुद्ध के विचारों के लिए एक विशेष जगह बनाई। यह केवल भाषान्तरण नहीं था बल्कि इस प्रयत्न में उच्चकोटि की रचनाधर्मिता भी थी जिसने न केवल चीनी भाषा में नया कुछ जोड़ा बल्कि बुद्ध के विचारों को भी एक नए देशकाल और भाषा में प्रतिष्ठित किया–लाओत्से और कन्फ्यूशियस के बग़ल में, उनके नीचे नहीं।

कविता का अनुवाद बहुत कुछ इसी तरह की प्रतिभा और भाषाई संसाधन माँगता है। हमारे समय के अनेक ऐसे बड़े कवि हैं जिन्होंने अपने सही अनुवादक के लिए लम्बी प्रतीक्षा की किन्तु अनुपयुक्त अनुवादों के साथ समझौता नहीं किया। मुझे याद है एक निजी बातचीत में स्वीडिश कवि तोमस त्रांस्त्रोमर ने मुझसे कहा था, "ख़राब अनुवाद हों इससे बेहतर है कि अनुवाद न हों, वरना ख़राब अनुवाद ही मूल कविता की मिसाल बन जाते हैं।" बोर्ख़ेस स्वयं अंग्रेज़ी के अच्छे जानकार थे और ज़िओवान्नी के साथ उन्होंने जो अनुवाद किए वे लगभग मूल की तरह की पुनर्रचनाएँ हैं। इसके बावजूद, छपने के बाद भी, वे अपनी कविताओं में संशोधन करते रहते थे। मारक्वेज़ भी अपने उपन्यासों के अनुवादों को लेकर बहुत सतर्क थे और अपने प्रिय अनुवादक के सहयोगी होकर

हिन्दी भाषा के भविष्य को सोचते हुए कुछ बातें ख़ासतौर पर मन में उठती हैं। हिन्दी भाषा की 'प्रकृति' में हज़ारों साल के अच्छे-बुरे ऐतिहासिक अनुभवों की यादें घुली-मिली हैं : इसमें ज़मीनी यथार्थ भी है और अनेक उदात्त विचारों और कलाओं के अनुभव भी। सैकड़ों वर्षों के गहन वैदिक, वेदान्तिक, सूफ़ी-चिन्तन, कलाओं और काव्य ने भाषा पर अपनी अमिट छाप छोड़ी है, जिसे आज भी हिन्दी भाषा के स्वभाव से अलग कर पाना मुश्किल हो जाता है। विचारों, साहित्यों और कलाओं का दबाव भी एक भाषा को अपनी तरह रचता और उसे सक्षम बनाता है। कभी-कभी यह प्रभाव दैनिक यथार्थ के दबावों से कहीं ज़्यादा शक्तिशाली होता है। जब बौद्ध-विचार मध्य एशिया में फैला तो एशिया की शायद ही ऐसी कोई भाषा रही हो जो उससे अप्रभावित रही हो। अनेक भाषाओं में बुद्ध के विचारों के लिए एक भिन्न स्तर की भाषा निर्मित हुई। आधुनिक समय में भी हम देखते हैं कि किसी बड़े विचार के साथ उसकी अपनी एक विशिष्ट भाषा, विमर्श की भाषा, भी आती है। उसका अपना एक दबदबा होता है और कभी-कभी वह देर तक और दूर तक सामान्य भाषा पर छाया रहता है। आधुनिक समय में विज्ञान के साथ तर्क और विश्लेषण जैसे शब्दों का दबदबा लगभग हर प्रकार की सोच की भाषा पर हावी रहा है—मार्क्स और फ्रायड का चिन्तन इसका प्रमुख उदाहरण है, जिन्होंने बीसवीं सदी की पूरी सोच को दूर तक प्रभावित किया है। जो तर्कसंगत है वही सही है—यह बात कुछ इतनी पक्की तरह हमारे दिमाग़ों में बैठ गई है (या बैठा दी गई है) कि कोई सच्चाई तर्क से परे भी हो सकती है इसे हम विचारणीय ही नहीं मानना चाहते। तर्क अचूक नहीं होता : वितर्क और कुतर्क भी उसके साथ जुड़े होते हैं।

कह सकना मुश्किल है कि भविष्य में हिन्दी का क्या रूप विकसित होगा, पर मन में कहीं एक सपना ज़रूर है कि हिन्दी का अर्थ केवल चीज़ों और उनके उपभोग तक सीमित होकर न रह जाए। वह एक ऐसी आत्म-संस्कृति और जीवन-विवेक की समर्थ आवाज़ भी बन सके जिसकी शक्ति को भारत जैसे देश ने अपने लम्बे और विषम ऐतिहासिक अनुभवों से गुज़रते हुए कई तरह जाना और प्रमाणित किया है।

— 2008

❐❐❐

लगभग उसी तरह समझा जा सकता है जैसे हम आदमी की लम्बी ऐतिहासिक जीवन-यात्रा को समझते हैं।

जिस तरह हम जीवन और इतिहास की गतियों को एक सीधी रेखा में रखकर नहीं सोच सकते, बहुत कुछ भाषा की गति भी उसी तरह जटिल और टेढ़ी-मेढ़ी चलती है। गंगा नदी अपने उद्गम पर जो होती है, बंगाल की खाड़ी में गिरनेवाली नदी वही गंगा नहीं होती : उसमें बीच के प्रदेशों में बहनेवाली तमाम छोटी-बड़ी नदियों का पानी भी इस तरह शामिल हो चुका होता है कि उन्हें फिर से अलग नहीं किया जा सकता : वे सब गंगा की मुख्यधारा बन जाती हैं। हिन्दी भाषा के विकास को भी कुछ-कुछ इसी तरह समझा जाना चाहिए।

भाषा के विस्तार के साथ 'अमानवीयकरण' की समस्या को उठाते समय किसी सरल नतीजे पर पहुँचने की जल्दबाज़ी नहीं करनी चाहिए। भाषा केवल एक या दो स्तरों पर ही नहीं कई स्तरों पर एक साथ विकसित होती है। भौतिक जीवन में बदलाव के साथ भाषा की ऊपरी सतह पर बदलाव—यानी हमारी बोलचाल, व्यवहार, लेन-देन, वाणिज्य, व्यापार आदि की भाषा में—सबसे पहले और सबसे स्पष्ट दिखाई देता है लेकिन, आदमी के स्वभाव की ही तरह, उसकी भाषा की भी कई अन्तर्तहें होती हैं। वे आसानी से नहीं बदलतीं क्योंकि उनमें सदियों के संस्कार और चिन्तन की स्मृतियाँ अगोचर रूप से दबी-छिपी विद्यमान रहती हैं। मोटे तौर पर इसे भाषा का 'अवचेतन' कह सकते हैं, जो 'निजी' से 'सामूहिक' तक एक अटूट मानसिक जुड़ाव रखता है। इस सूत्रबद्धता की कुंजी कहीं हमारे जीन्स में है, इसीलिए जीवन और भाषा के विकास की गति जुड़वाँ मानी गई है।

एक भाषा का बहुस्तरीय होना उसकी जागरूकता की निशानी है। वह अगर एक स्तर पर बोलचाल, लेन-देन, लोक-जीवन की व्यावहारिक भाषा हो सकती है तो दूसरे स्तर पर सोच-विचार, चिन्तन-मनन, अध्ययन-ज्ञान की गूढ़ भाषा भी। दोनों पर ऊँच-नीच का तर्क लागू नहीं होता। ये भाषा के दो बिलकुल भिन्न तरह के उपयोग हैं तथा उसकी सामर्थ्य के द्योतक हैं। भाषा न केवल अपने को दैनिक जीवन के स्तर पर रचती है बल्कि वैचारिक और आत्म-चिन्तन के स्तर पर भी, और भाषा के ये दोनों ही पक्ष जायज़ हैं क्योंकि दोनों मिलकर हमें एक बृहद् जीवन-दृष्टि देते हैं। इसी तरह साहित्य और कलाओं की भाषाएँ भी इस माने में विशिष्ट और जायज़ भाषाएँ हैं कि वे जीवन की एक भिन्न प्रकार की व्यंजना और अभिव्यक्ति को सम्भव बनाती हैं। जीवन की ही तरह भाषा की भी इस 'भिन्नता' को बिना उदारता से स्वीकार किए हम उसकी समग्र जीवन-शक्ति को आत्मसात् नहीं कर पाएँगे।

लिस्ट पर एक नज़र डालना ही काफ़ी होगा इस तथ्य को पुष्ट करने के लिए कि 'बड़े' साहित्य की रचना के लिए 'बड़ी' भाषा अनिवार्य नहीं है। अंग्रेज़ी भी एक छोटी ही भाषा थी जब शेक्सपियर की रचनाओं ने उसे एक बहुत बड़ी भाषा बना दिया। इसी तरह अवधी और बृज की असाधारण भाषाई क्षमता को कबीर, जायसी, तुलसी, सूर आदि की साहित्यिक देन के बिना पूरी तरह नहीं समझा जा सकता।

एक दुस्साहसिक ढंग का सोच भी मन में आता है कि बड़े साहित्य के लिए शायद बड़ी भाषा कोई बहुत बड़ा वरदान नहीं है। एक भाषा का विस्तार कई कारणों से होता है—प्रमुखतः तिजारती, औद्योगिक, आर्थिक, राजनीतिक आदि कारणों से। ये ही कारण आज हिन्दी भाषा के विस्तार के पीछे भी साफ़ पहचाने जा सकते हैं। राजनीतिक, आर्थिक और औद्योगिक दृष्टि से भारत और चीन अब पिछड़े हुए देश नहीं हैं। इस विकास के साथ-साथ ही भाषा का महत्त्व भी न केवल बढ़ा है बल्कि उनका 'इस्तेमाल' भी बदला है और बहुत तेज़ी से बदल रहा है—लगभग मशीन-युग की रफ़्तार से। मोटे तौर पर कहें तो भाषा 'मानवीय' से अधिक 'मशीनी' होती जा रही है! भाषा के मानवीय गुणों की अपेक्षा उसके व्यावसायिक और लेन-देन के मुहावरे और शब्दावली ज़्यादा कामकाज के लगते हैं, अतः ज़्यादा प्रासंगिक। आपसी सम्बन्धों, हमदर्दी और गहरे मानवीय सरोकारों की भाषा बेजान-सी लगती है। यह केवल एक भाषाई संकट नहीं है, भाषा पर पड़नेवाले उस संकट की छाया है जो आज के क्रमशः संवेदनहीन होते जा रहे जीवन की ओर इशारा करता है। आज भी जब हम एक लोकगीत को सुनते हैं या आंचलिक काव्य (या उपन्यास) को पढ़ते हैं तो उसमें भाषा की एक ख़ास तरह की कोमलता, भावनात्मक ईमानदारी और आत्मीय भाई-चारे की गरिमा को बरकरार पाते हैं। आज के औद्योगिक, व्यावसायिक और उपभोक्ता समाज में जो बिलकुल अस्थायी और मतलबी सम्बन्ध बन रहे हैं उनकी भाषा में गहरे और उदात्त मानवीय सम्बन्धों और सोच-विचार के लिए कितनी जगह बचती है यह चिन्ता केवल साहित्य की ही नहीं, हर आदमी की होनी चाहिए...। छोटी भाषाओं से आ रहे साहित्य में अगर आपसदारी है, कि ये भाषाएँ आज भी अपनी घनिष्ठता और ऊष्मा में बची हुई हैं, तो इसका बहुत बड़ा कारण वह जीवन-शैली भी है जो बड़े शहरों की अपेक्षा छोटी जगहों में कम बदलती है। भाषा में परिवर्तन और विकास जीवन के साथ घनिष्ठ रूप से जुड़ा होता है जिसे व्याकरण के नियम नहीं जीवन की गति निर्धारित करती है, मूलतः जैविक ढंग से। संस्कृत से आज की हिन्दी तक की विकास-यात्रा को भी

हिन्दी का भविष्य–भविष्य की हिन्दी

मैं ठेठ शास्त्रीय अर्थों में भाषाविद् नहीं हूँ, न ही साहित्य का सिद्धान्तकार, लेकिन एक कवि और लेखक की हैसियत से हिन्दी भाषा को रचनात्मक ढंग से बरतने के अपने अनुभवों के आधार पर कुछ बातें कहना चाहूँगा।

हिन्दी इस समय संसार में बोली जाने वाली प्रमुख भाषाओं में से मानी जाती है : अन्य भाषाएँ अंग्रेज़ी, चीनी और स्पानी-मूल की भाषाएँ हैं। भाषाई आँकड़े बताते हैं कि इस समय दुनिया में 6000 से अधिक भाषाएँ बोली जा रही हैं लेकिन जिस तेज़ी से छोटी भाषाओं का लोप हो रहा है उससे यह अन्देशा भी पुष्ट होता लगता है कि इस सहस्राब्दि के अन्त होते-होते इनमें से 600 भाषाएँ भी नहीं बचेंगी! हिन्दी का भाषाई भविष्य उज्ज्वल है। एक रचनाकार की दृष्टि से–'परिवर्तन' और 'विकास' के बीच एक बारीक़ फ़र्क़ करते हुए–तेज़ी से बदलती हुई हिन्दी भाषा की नब्ज़ को पढ़ने की कोशिश करता हूँ। यह 'बदलाव', और उसकी 'तेज़ी', हिन्दी के स्वभाव पर किस तरह का गुणात्मक असर डाल रहे हैं? यह गुणात्मक-पक्ष साहित्य के लिए ख़ास माने रखता है जो मूलतः 'मानवीय' और जीवन का 'आत्मीय' पक्ष है। वह साहित्य में कई-कई तरह प्रतिबिम्बित और अभिव्यंजित होता है। वह भाषा सबसे पहले आपसी सौहार्द्र, सहानुभूति, सौजन्य और सहिष्णुता की दीर्घ संस्कृति की भाषा है, जिसमें हम अपने एक सभ्य मनुष्य होने की सबसे मूल्यवान छवि को पहचानते हैं। सहज ही ध्यान जाता है कि हिन्दी भाषा ने (मेरा मतलब यहाँ हिन्दी के उस व्यापक परिप्रेक्ष्य से है जिसमें उर्दू और स्थानीय बोलियों का साहित्य शामिल है) विश्व-स्तरीय और कालजयी साहित्य तब भी दिया है जब वह 'वैश्विक भाषा' नहीं थी, केवल छोटे-छोटे 'क्षेत्रों' की भाषा थी। वह समय भी याद आता है जब पूरे भारत को एक भावनात्मक सूत्र में जोड़े रखने का काम भक्ति-कालीन काव्य और कलाओं द्वारा सम्भव हुआ–राजनीतिक स्पर्द्धाओं और मार-काट के बावजूद। आज भी दुनिया की तमाम छोटी-छोटी भाषाएँ विश्व-स्तरीय महान साहित्य दे रही हैं। नोबेल-पुरस्कार विजेताओं की

हम सब वाक़िफ़ हैं। उनके 'अन्दाज़े-बयाँ' का अनुवाद लगभग असम्भव है क्योंकि उर्दू पूरी तरह अरबी-फ़ारसी की काव्य-परम्पराओं में डूबी हुई भाषा है। फिट्ज़जेरल्ड के अनुवाद उमर ख़य्याम की रुबाइयों की अंग्रेज़ी में पुनर्रचना है। इसी तरह 'हाइकू' आज दुनिया भर में अनूदित किया और लिखा जा रहा है, और हर भाषा ने उसे अपनी तरह ढाला है।

शायद हिन्दी अनुवादों को लेकर भी हमें कुछ इसी तरह सोचना होगा कि वह बिलकुल अलग तरह का काव्यानुभव है जिसके लिए अंग्रेज़ी में एक अलग तरह की 'भाषायी जगह' (linguistic space) को रचना होगा। क्योंकि हर महान् कविता ख़ुद अपनी भाषा में भी इसी तरह की एक विशिष्ट भाषायी जगह रचती और उसमें वास करती है। एक 'रामचरितमानस' या जायसी का 'पद्मावत' केवल अलग रखी काव्यकृतियाँ नहीं है, अवधी भाषा में रचा-बसा एक अलग पूरा संसार है। उनके सफल अनुवाद का मतलब है दूसरी भाषा में उतनी ही बड़ी और विशिष्ट पोएटिक-स्पेस की रचना। इससे एक भाषा का क़द और गौरव बढ़ता है। कृति में भी, और अनुवाद की भाषा में भी, एक नई तरह की सामर्थ्य आती है। अंग्रेज़ी भाषा ख़ुद इसका एक बहुत बड़ा उदाहरण है जिसे अनुवादकों ने भी उतना ही समृद्ध किया है जितना लेखकों और विचारकों ने।

– 2011

काम करने को महत्त्व देते थे। कमोबेश यही बात पोलिश अनुवादक चेरनिआस्की के अंग्रेज़ी अनुवादों के लिए दूसरी तरह कही जा सकती है—उनकी मूल भाषा पोलिश है और अंग्रेज़ी सीखी हुई भाषा है। उसमें उनके स्वयं भी कवि होने की संवेदनशीलता का भी योगदान रहता है। बहुत कुछ ऐसा ही चेस्वाव मीवोश के अनुवादों के लिए भी कहा जा सकता है। पोलिश (अपनी भाषा) और अंग्रेज़ी (सीखी हुई भाषा) के अच्छे जानकार होने के नाते वे काव्यानुवादों में कवि की जो विशिष्ट संवेदना जोड़ सके वह उनके काव्यानुवादों को एक नई चमक दे सकी।

उपरोक्त सन्दर्भों को ध्यान में रखते हुए हिन्दी-अंग्रेज़ी और अंग्रेज़ी-हिन्दी अनुवादों पर कुछ विचार रखे जा सकते हैं।

अंग्रेज़ी भाषा भारत में लगभग एक भारतीय भाषा की तरह डेढ़ सौ वर्षों से भी अधिक से रह चुकी है। वह हमारे लिए एक सीखी हुई भाषा ज़रूर है लेकिन उतनी परायी नहीं जितनी एक नई विदेशी भाषा हो सकती है। अंग्रेज़ी में अब तक अनेक ऐसे शब्द पहुँच चुके हैं जो भारतीय मूल के हैं। हिन्दी कविता के अंग्रेज़ी अनुवादों के लिए विदेशी अनुवादकों पर निर्भरता क़तई ज़रूरी नहीं। हिन्दी-अंग्रेज़ी के भारतीय अनुवादक मूल के साथ बेहतर न्याय कर सकते हैं बनिस्बत उन विदेशी अनुवादकों के जिनकी हिन्दी भाषा की जानकारी कच्ची हो।

वैश्विक पाठक के लिए अमरीकी अंग्रेज़ी और भारतीय अंग्रेज़ी दोनों ही परायी भाषाएँ हैं। अनुवाद भारतीय अंग्रेज़ी में भी उतने ही पठनीय, या शायद ज़्यादा ही, हो सकते हैं जितने संसार के किसी भी देश की अंग्रेज़ी में। निर्णायक बात यह होगी कि सीखी हुई अंग्रेज़ी में मूल का आस्वाद कितना सुरक्षित है। बरसों पहले मैंने माव्रोगोर्दातो द्वारा किए गए कवाफ़ी के अनुवाद पढ़े थे। उसके बाद कवाफ़ी के अनेक अनुवाद इंग्लिश और अमरीकी अनुवादकों द्वारा किए गए, पर मुझे लगता है कि माव्रोगोर्दातो के अनुवाद जिस तरह कवाफ़ी की कविताओं की अन्तरात्मा तक पहुँच पाते हैं वैसे अंग्रेज़ी के शुद्धतर अनुवाद नहीं। कुछ ऐसा-सा विचार मन में आता है कि मूल का कविता-रस मूल भाषा के जानकार अनुवादकों के अनुवादों में बेहतर सुरक्षित रहता है—सीखी हुई भाषा में भी। लेकिन जब वही अनुवाद भाषा के विशेषज्ञों द्वारा किया जाता है तब अनुवाद की भाषा अधिक मुखर हो जाती है, मूल का रस किंचित क्षीण पड़ जाता है।

इसीलिए शायद ऐसी कविता जो एक भाषा की संस्कृति, शैली, स्मृतियों, इतिहास और मिज़ाज में पूरी तरह रची-बसी हो वह दूसरी भाषा में अनूदित होने में सबसे कठिन होती है। ग़ालिब की कविताओं के अनुवाद की कठिनाइयों से